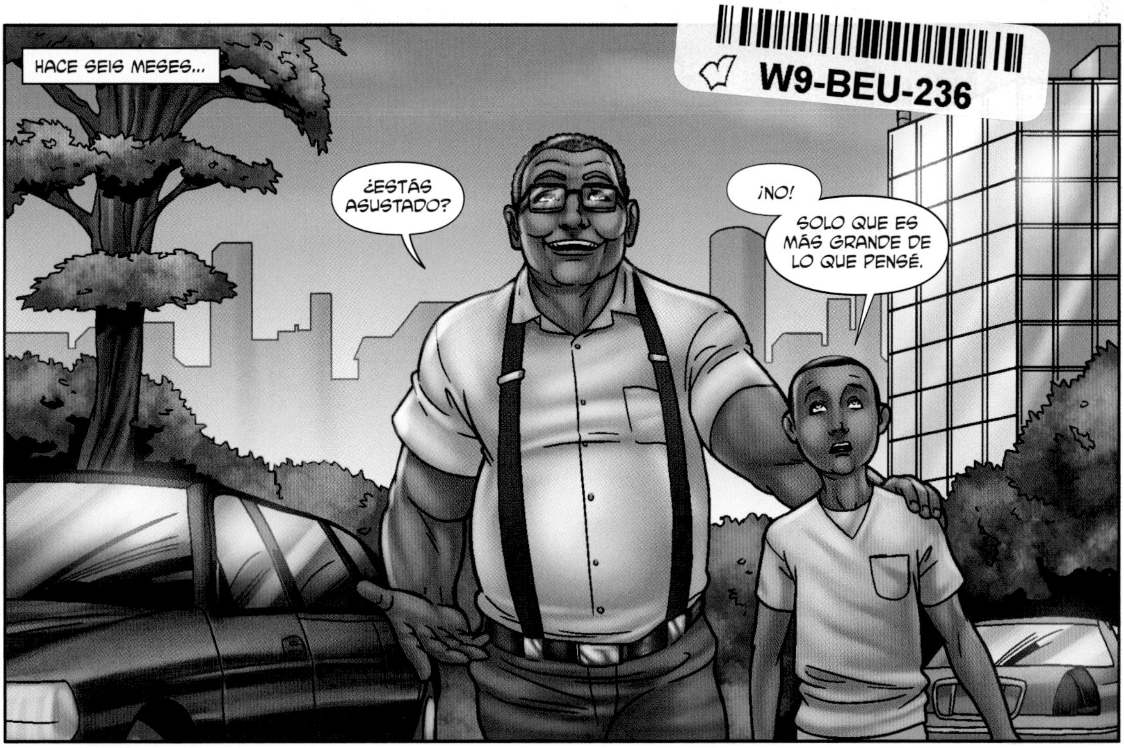
HACE SEIS MESES...
¿ESTÁS ASUSTADO?
¡NO!
SOLO QUE ES MÁS GRANDE DE LO QUE PENSÉ.



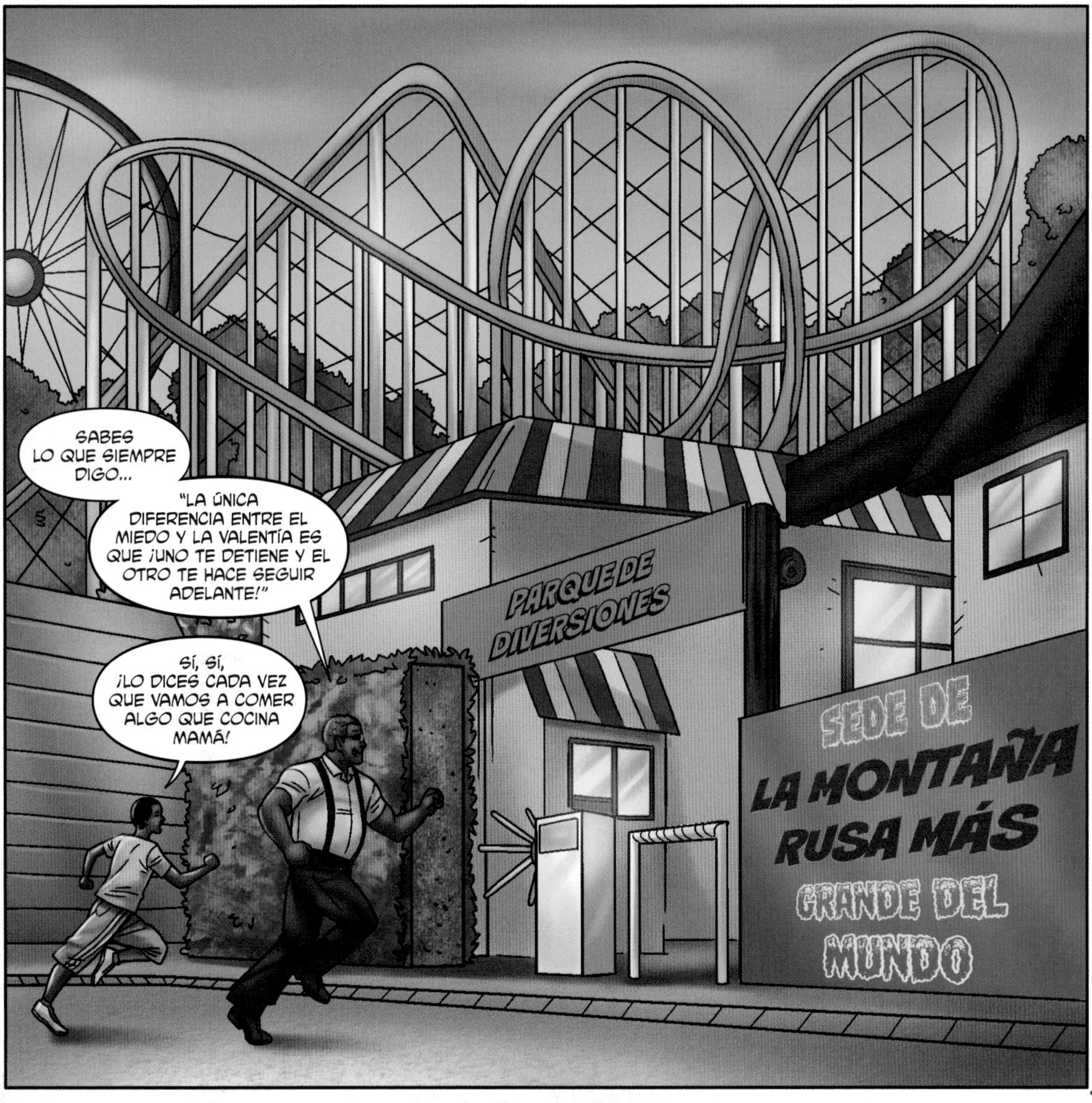
SABES LO QUE SIEMPRE DIGO...
"LA ÚNICA DIFERENCIA ENTRE EL MIEDO Y LA VALENTÍA ES QUE ¡UNO TE DETIENE Y EL OTRO TE HACE SEGUIR ADELANTE!"
SÍ, SÍ, ¡LO DICES CADA VEZ QUE VAMOS A COMER ALGO QUE COCINA MAMÁ!
PARQUE DE DIVERSIONES
SEDE DE LA MONTAÑA RUSA MÁS GRANDE DEL MUNDO

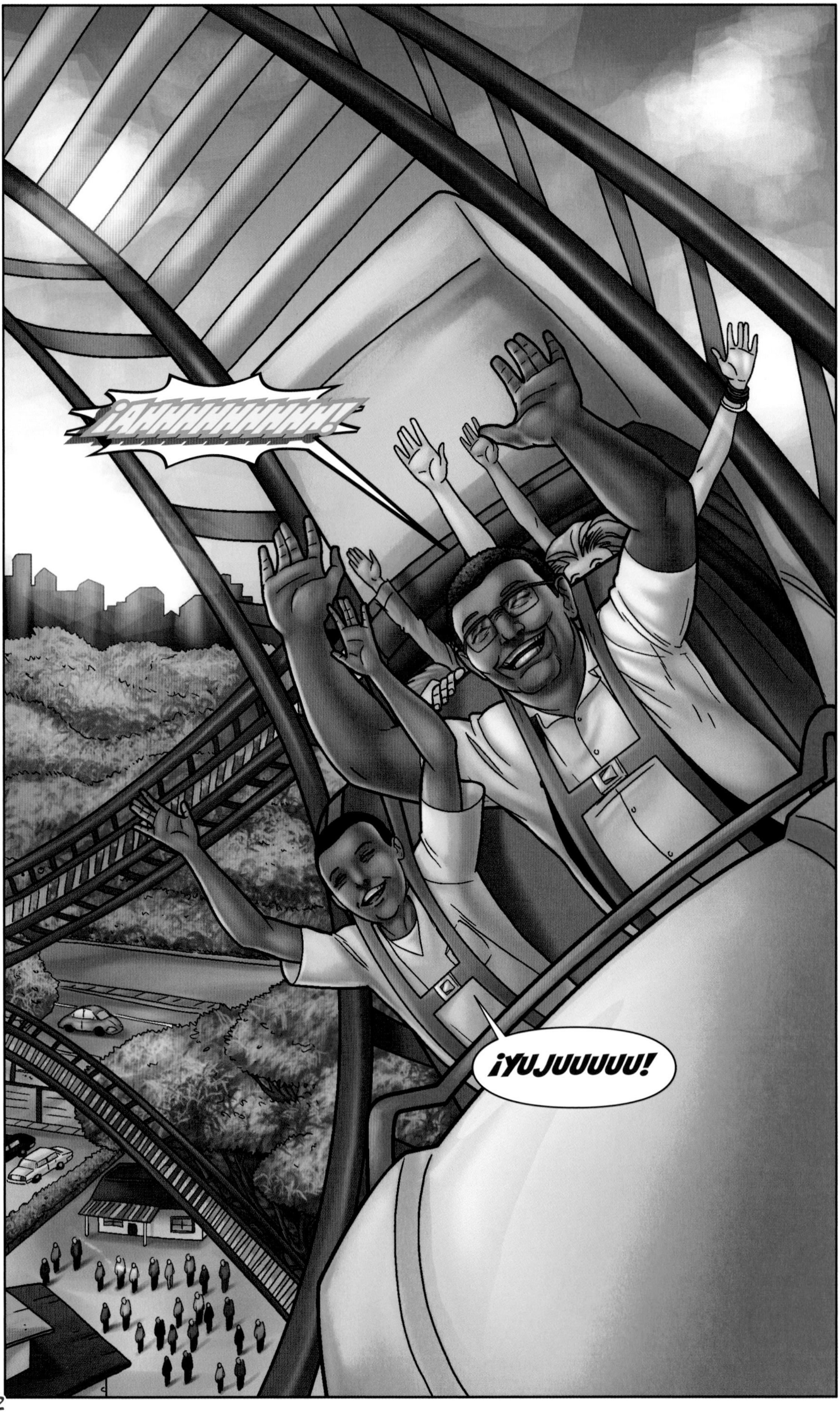
¡AHHHHHHHHH!
¡YUJUUUUU!

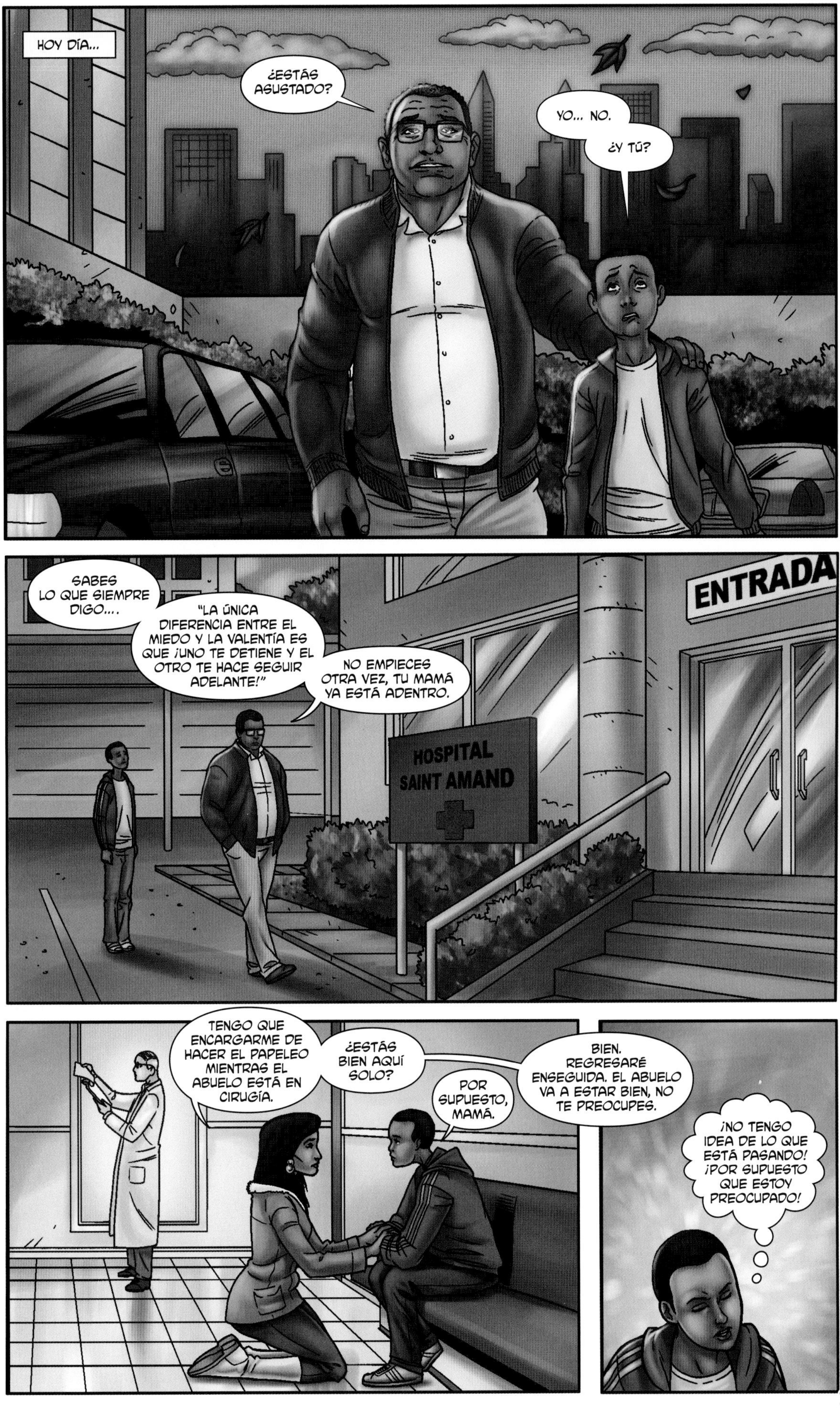
HOY DÍA...
¿ESTÁS ASUSTADO?
YO... NO.
¿Y TÚ?
SABES LO QUE SIEMPRE DIGO....
"LA ÚNICA DIFERENCIA ENTRE EL MIEDO Y LA VALENTÍA ES QUE ¡UNO TE DETIENE Y EL OTRO TE HACE SEGUIR ADELANTE!"
NO EMPIECES OTRA VEZ, TU MAMÁ YA ESTÁ ADENTRO.
ENTRADA
HOSPITAL SAINT AMAND
TENGO QUE ENCARGARME DE HACER EL PAPELEO MIENTRAS EL ABUELO ESTÁ EN CIRUGÍA.
¿ESTÁS BIEN AQUÍ SOLO?
POR SUPUESTO, MAMÁ.
BIEN. REGRESARÉ ENSEGUIDA. EL ABUELO VA A ESTAR BIEN, NO TE PREOCUPES.
¡NO TENGO IDEA DE LO QUE ESTÁ PASANDO! ¡POR SUPUESTO QUE ESTOY PREOCUPADO!

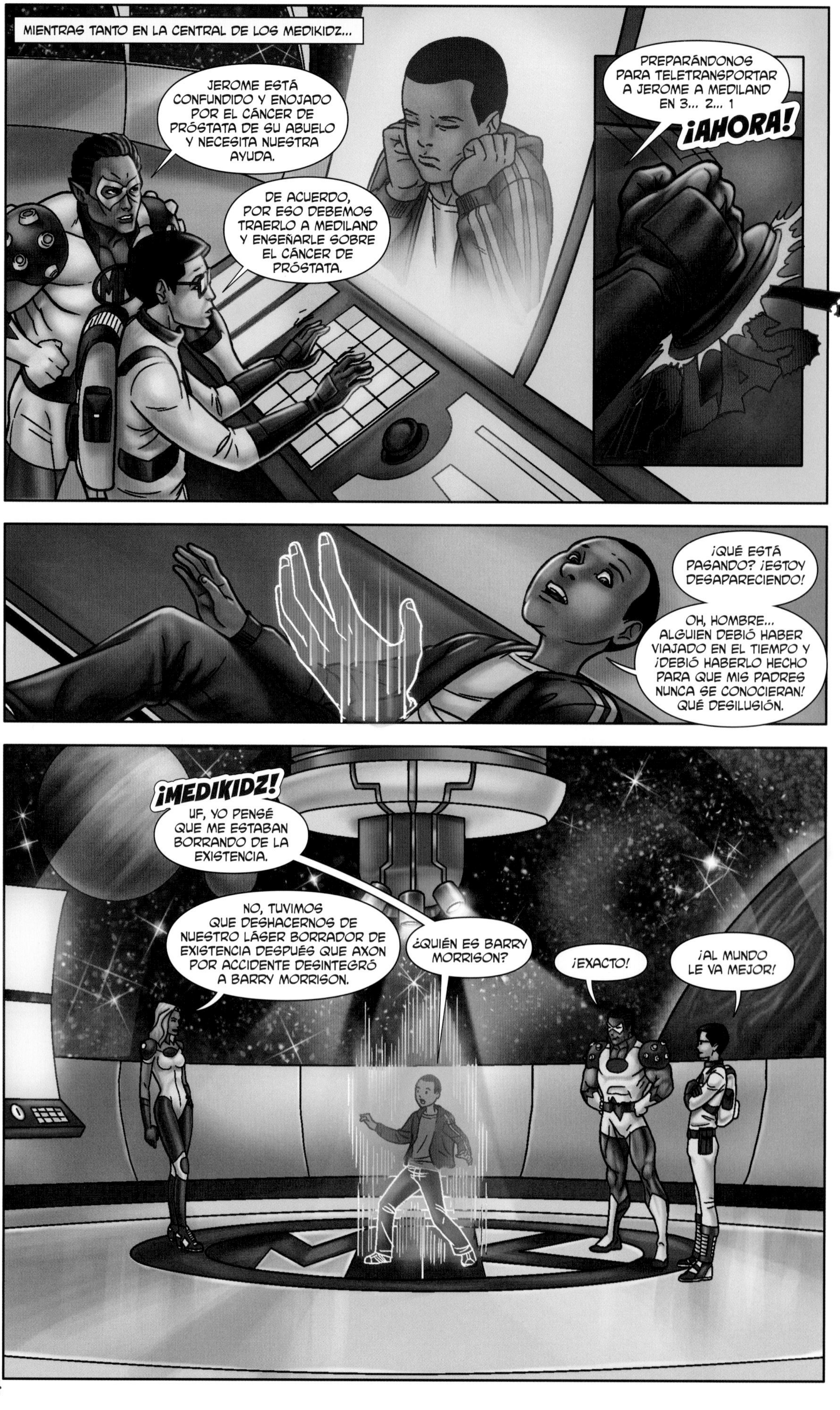

MIENTRAS TANTO EN LA CENTRAL DE LOS MEDIKIDZ...
JEROME ESTÁ CONFUNDIDO Y ENOJADO POR EL CÁNCER DE PRÓSTATA DE SU ABUELO Y NECESITA NUESTRA AYUDA.
DE ACUERDO, POR ESO DEBEMOS TRAERLO A MEDILAND Y ENSEÑARLE SOBRE EL CÁNCER DE PRÓSTATA.
PREPARÁNDONOS PARA TELETRANSPORTAR A JEROME A MEDILAND EN 3... 2... 1
¡AHORA!
¡QUÉ ESTÁ PASANDO? ¡ESTOY DESAPARECIENDO!
OH, HOMBRE... ALGUIEN DEBIÓ HABER VIAJADO EN EL TIEMPO Y ¡DEBIÓ HABERLO HECHO PARA QUE MIS PADRES NUNCA SE CONOCIERAN! QUÉ DESILUSIÓN.
¡MEDIKIDZ!
UF, YO PENSÉ QUE ME ESTABAN BORRANDO DE LA EXISTENCIA.
NO, TUVIMOS QUE DESHACERNOS DE NUESTRO LÁSER BORRADOR DE EXISTENCIA DESPUÉS QUE AXON POR ACCIDENTE DESINTEGRÓ A BARRY MORRISON.
¿QUIÉN ES BARRY MORRISON?
¡EXACTO!
¡AL MUNDO LE VA MEJOR!

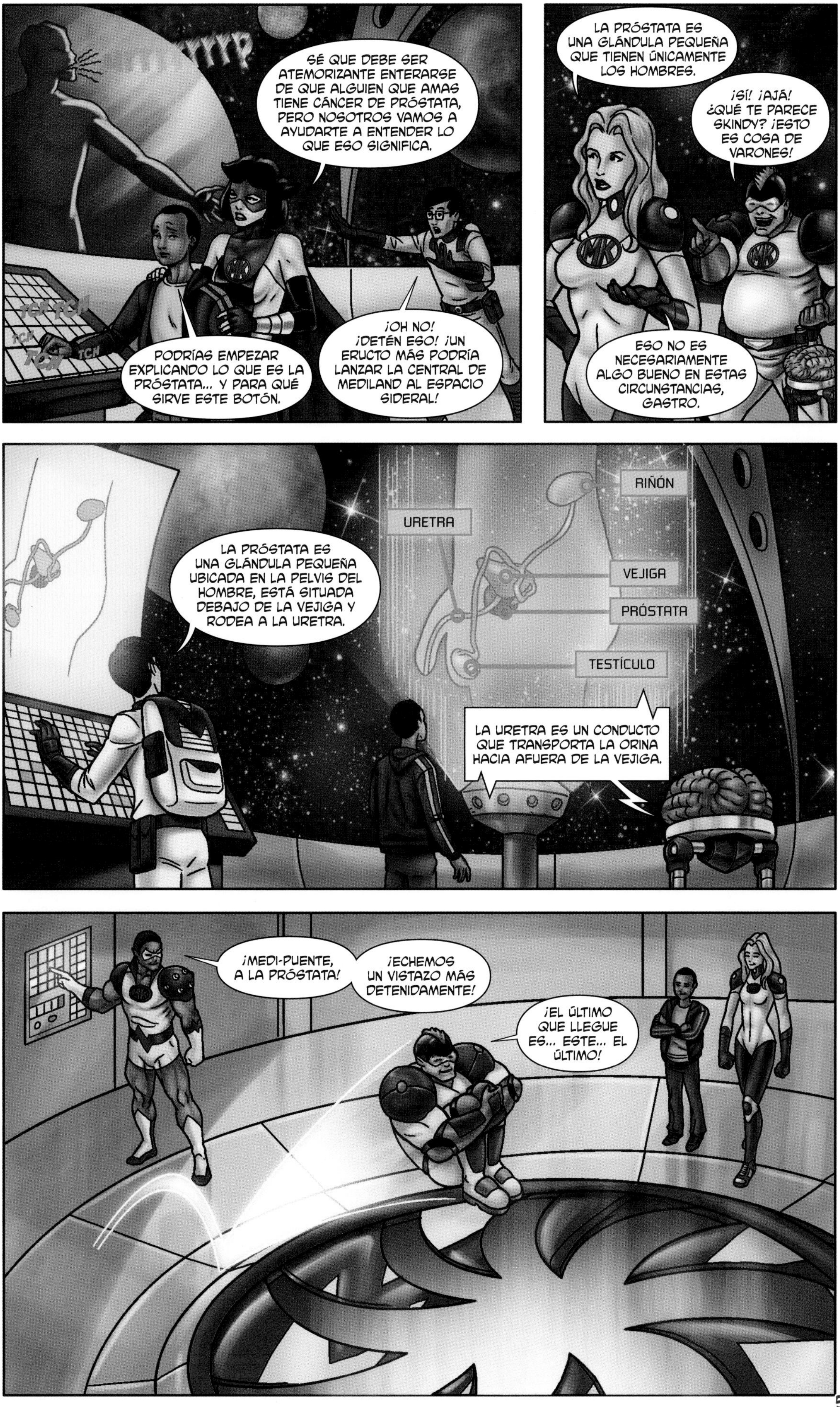
SÉ QUE DEBE SER ATEMORIZANTE ENTERARSE DE QUE ALGUIEN QUE AMAS TIENE CÁNCER DE PRÓSTATA, PERO NOSOTROS VAMOS A AYUDARTE A ENTENDER LO QUE ESO SIGNIFICA.
TCH TCH TCH TCH TCH
PODRÍAS EMPEZAR EXPLICANDO LO QUE ES LA PRÓSTATA... Y PARA QUÉ SIRVE ESTE BOTÓN.
¡OH NO! ¡DETÉN ESO! ¡UN ERUCTO MÁS PODRÍA LANZAR LA CENTRAL DE MEDILAND AL ESPACIO SIDERAL!
LA PRÓSTATA ES UNA GLÁNDULA PEQUEÑA QUE TIENEN ÚNICAMENTE LOS HOMBRES.
¡SÍ! ¡AJÁ! ¿QUÉ TE PARECE SKINDY? ¡ESTO ES COSA DE VARONES!
ESO NO ES NECESARIAMENTE ALGO BUENO EN ESTAS CIRCUNSTANCIAS, GASTRO.
RIÑÓN
URETRA
VEJIGA
PRÓSTATA
TESTÍCULO
LA PRÓSTATA ES UNA GLÁNDULA PEQUEÑA UBICADA EN LA PELVIS DEL HOMBRE, ESTÁ SITUADA DEBAJO DE LA VEJIGA Y RODEA A LA URETRA.
LA URETRA ES UN CONDUCTO QUE TRANSPORTA LA ORINA HACIA AFUERA DE LA VEJIGA.
¡MEDI-PUENTE, A LA PRÓSTATA!
¡ECHEMOS UN VISTAZO MÁS DETENIDAMENTE!
¡EL ÚLTIMO QUE LLEGUE ES... ESTE... EL ÚLTIMO!

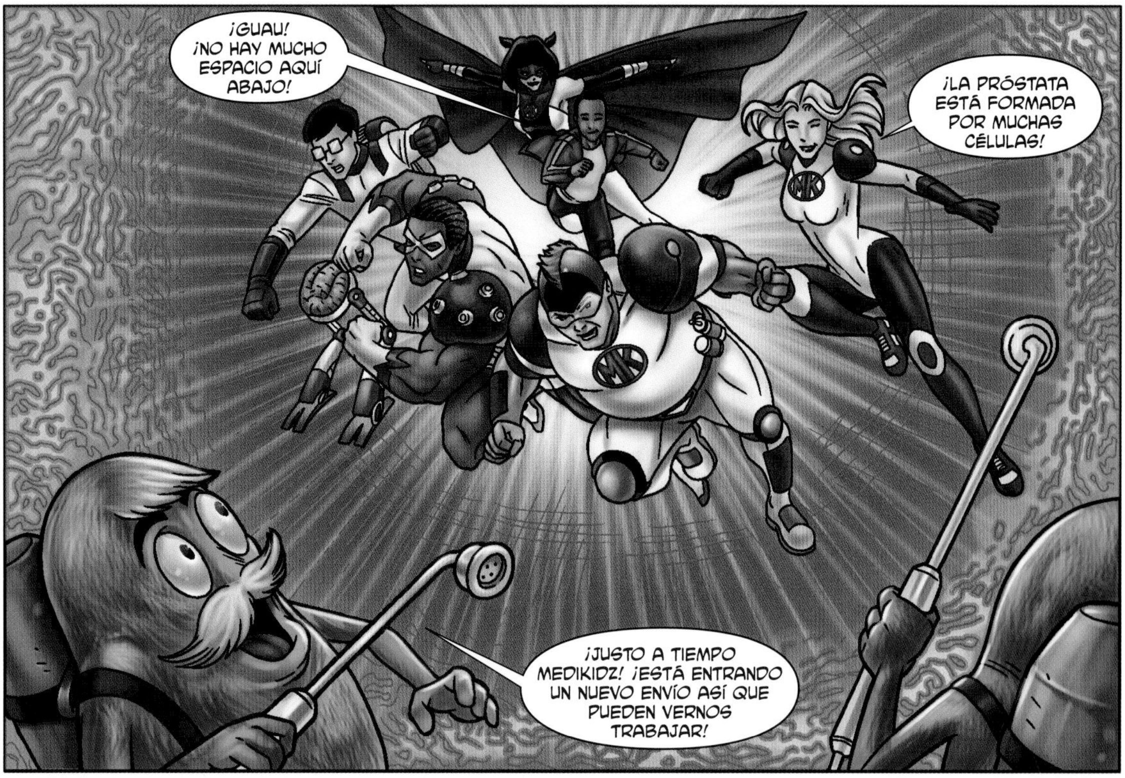
¡GUAU! ¡NO HAY MUCHO ESPACIO AQUÍ ABAJO!
¡LA PRÓSTATA ESTÁ FORMADA POR MUCHAS CÉLULAS!
¡JUSTO A TIEMPO MEDIKIDZ! ¡ESTÁ ENTRANDO UN NUEVO ENVÍO ASÍ QUE PUEDEN VERNOS TRABAJAR!

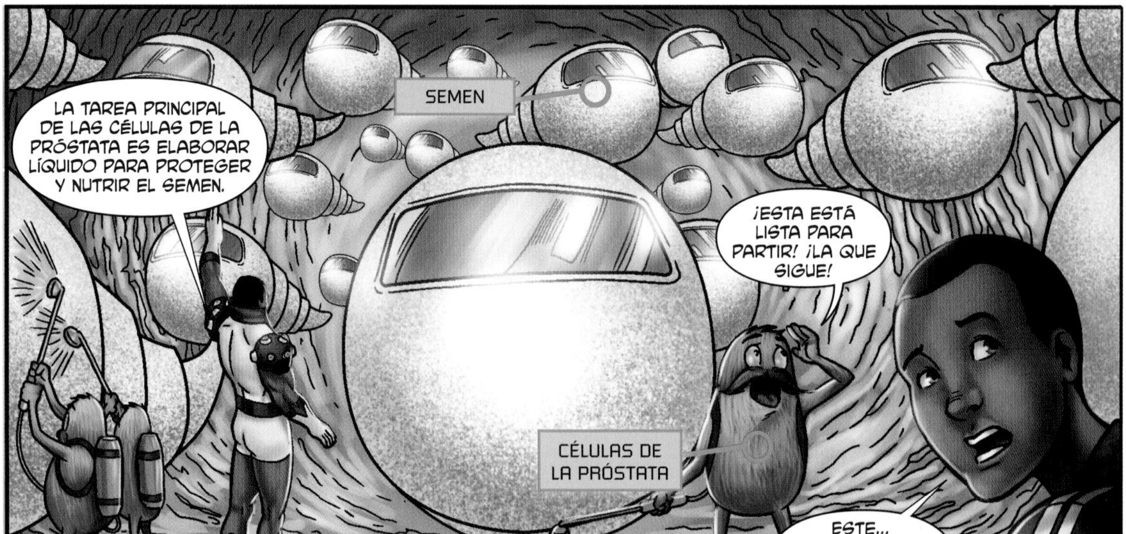
SEMEN
LA TAREA PRINCIPAL DE LAS CÉLULAS DE LA PRÓSTATA ES ELABORAR LÍQUIDO PARA PROTEGER Y NUTRIR EL SEMEN.
¡ESTA ESTÁ LISTA PARA PARTIR! ¡LA QUE SIGUE!
CÉLULAS DE LA PRÓSTATA
ESTE... ¿LO QUE OIGO, ES UN CAMIÓN DE BOMBEROS?

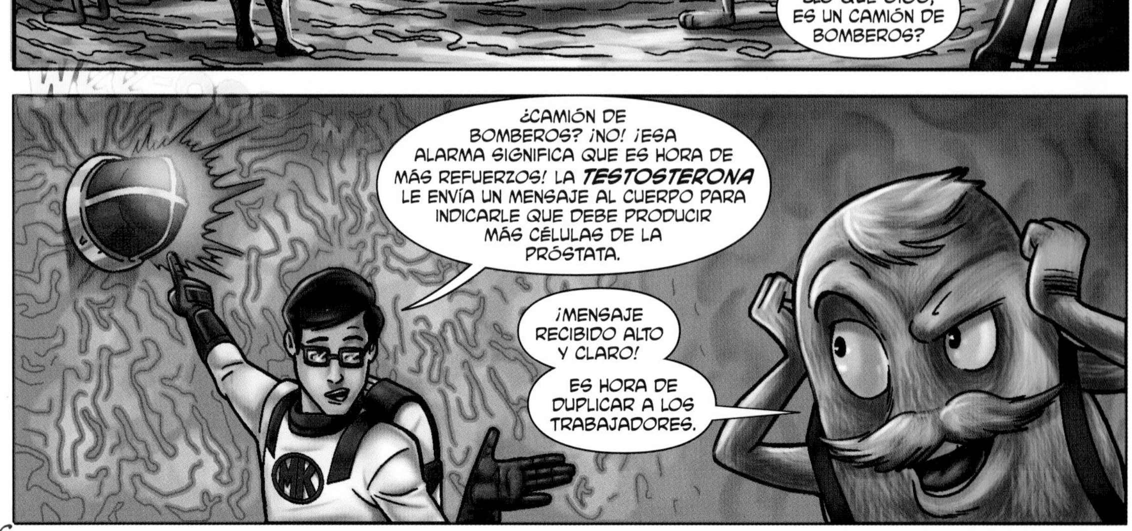
¿CAMIÓN DE BOMBEROS? ¡NO! ¡ESA ALARMA SIGNIFICA QUE ES HORA DE MÁS REFUERZOS! LA TESTOSTERONA LE ENVÍA UN MENSAJE AL CUERPO PARA INDICARLE QUE DEBE PRODUCIR MÁS CÉLULAS DE LA PRÓSTATA.
¡MENSAJE RECIBIDO ALTO Y CLARO!
ES HORA DE DUPLICAR A LOS TRABAJADORES.

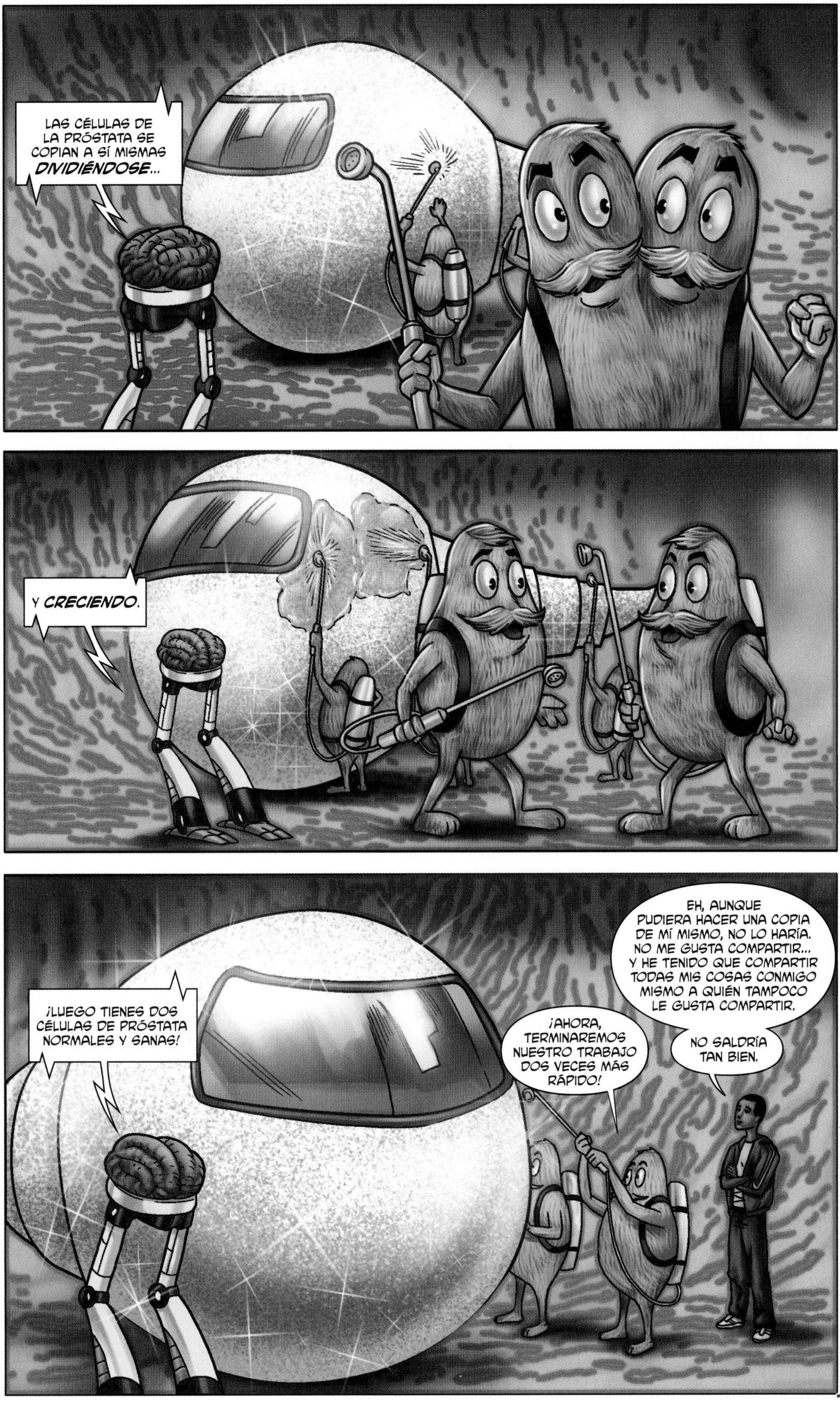
LAS CÉLULAS DE LA PRÓSTATA SE COPIAN A SÍ MISMAS DIVIDIÉNDOSE...
Y CRECIENDO.
¡LUEGO TIENES DOS CÉLULAS DE PRÓSTATA NORMALES Y SANAS!
¡AHORA, TERMINAREMOS NUESTRO TRABAJO DOS VECES MÁS RÁPIDO!
EH, AUNQUE PUDIERA HACER UNA COPIA DE MÍ MISMO, NO LO HARÍA. NO ME GUSTA COMPARTIR... Y HE TENIDO QUE COMPARTIR TODAS MIS COSAS CONMIGO MISMO A QUIÉN TAMPOCO LE GUSTA COMPARTIR.
NO SALDRÍA TAN BIEN.

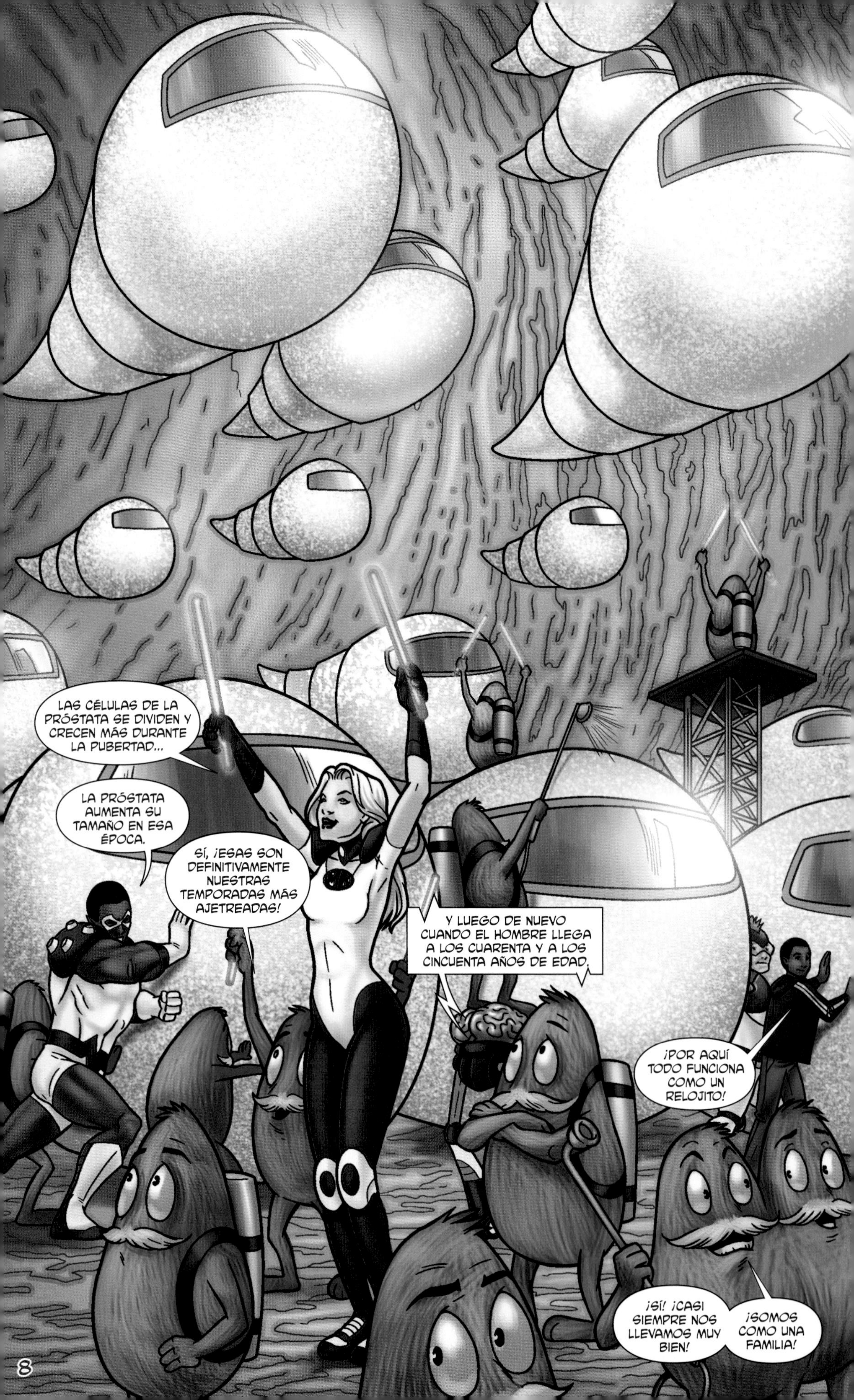
LAS CÉLULAS DE LA PRÓSTATA SE DIVIDEN Y CRECEN MÁS DURANTE LA PUBERTAD...
LA PRÓSTATA AUMENTA SU TAMAÑO EN ESA ÉPOCA.
SÍ, ¡ESAS SON DEFINITIVAMENTE NUESTRAS TEMPORADAS MÁS AJETREADAS!
Y LUEGO DE NUEVO CUANDO EL HOMBRE LLEGA A LOS CUARENTA Y A LOS CINCUENTA AÑOS DE EDAD.
¡POR AQUÍ TODO FUNCIONA COMO UN RELOJITO!
¡SÍ! ¡CASI SIEMPRE NOS LLEVAMOS MUY BIEN!
¡SOMOS COMO UNA FAMILIA!

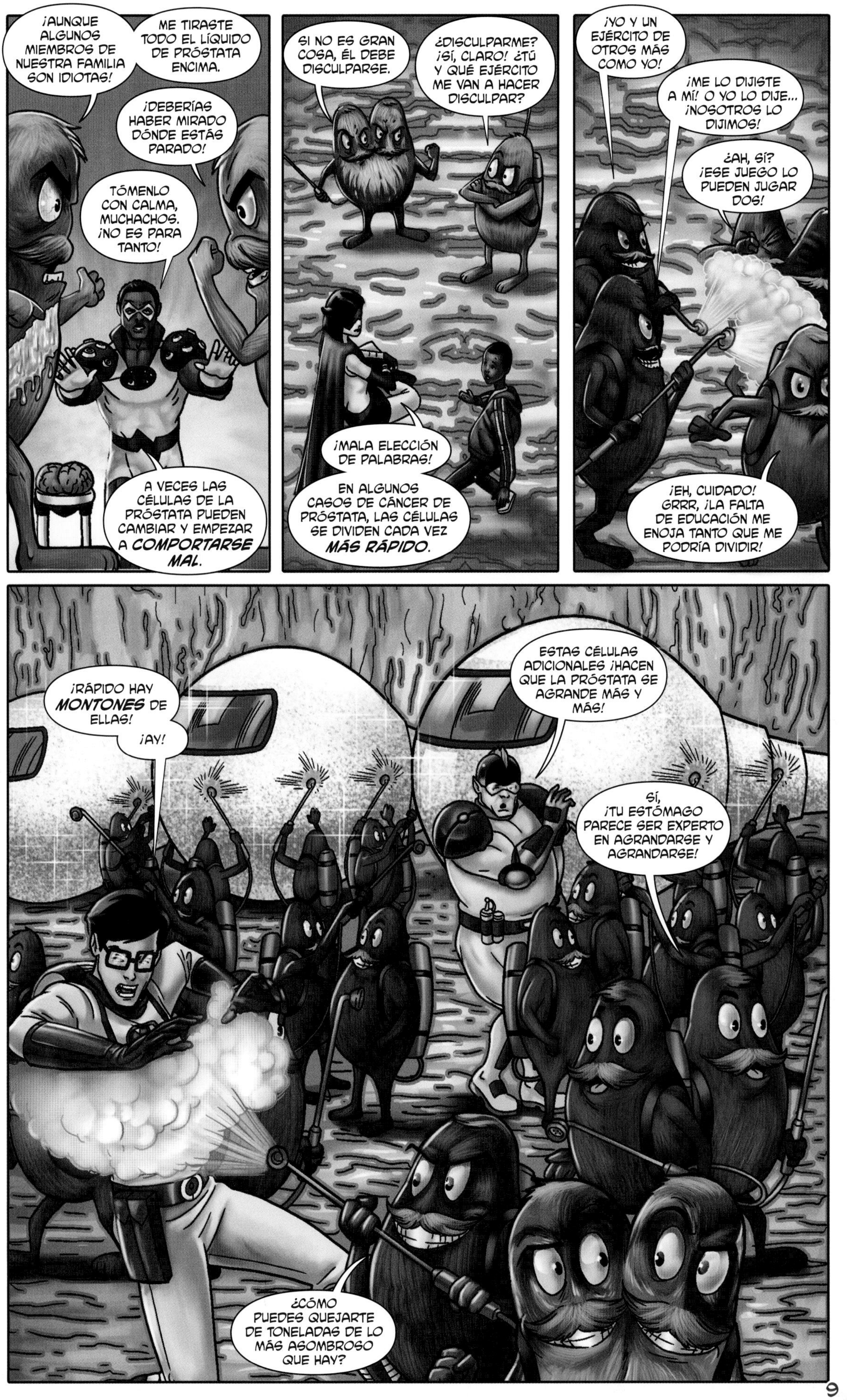
¡AUNQUE ALGUNOS MIEMBROS DE NUESTRA FAMILIA SON IDIOTAS!
ME TIRASTE TODO EL LÍQUIDO DE PRÓSTATA ENCIMA.
¡DEBERÍAS HABER MIRADO DÓNDE ESTÁS PARADO!
TÓMENLO CON CALMA, MUCHACHOS. ¡NO ES PARA TANTO!
A VECES LAS CÉLULAS DE LA PRÓSTATA PUEDEN CAMBIAR Y EMPEZAR A **COMPORTARSE MAL**.
SI NO ES GRAN COSA, ÉL DEBE DISCULPARSE.
¿DISCULPARME? ¡SÍ, CLARO! ¿TÚ Y QUÉ EJÉRCITO ME VAN A HACER DISCULPAR?
¡MALA ELECCIÓN DE PALABRAS!
EN ALGUNOS CASOS DE CÁNCER DE PRÓSTATA, LAS CÉLULAS SE DIVIDEN CADA VEZ **MÁS RÁPIDO**.
¡YO Y UN EJÉRCITO DE OTROS MÁS COMO YO!
¡ME LO DIJISTE A MÍ! O YO LO DIJE... ¡NOSOTROS LO DIJIMOS!
¿AH, SÍ? ¡ESE JUEGO LO PUEDEN JUGAR DOS!
¡EH, CUIDADO! GRRR, ¡LA FALTA DE EDUCACIÓN ME ENOJA TANTO QUE ME PODRÍA DIVIDIR!
¡RÁPIDO HAY **MONTONES** DE ELLAS!
¡AY!
ESTAS CÉLULAS ADICIONALES ¡HACEN QUE LA PRÓSTATA SE AGRANDE MÁS Y MÁS!
SÍ, ¡TU ESTÓMAGO PARECE SER EXPERTO EN AGRANDARSE Y AGRANDARSE!
¿CÓMO PUEDES QUEJARTE DE TONELADAS DE LO MÁS ASOMBROSO QUE HAY?

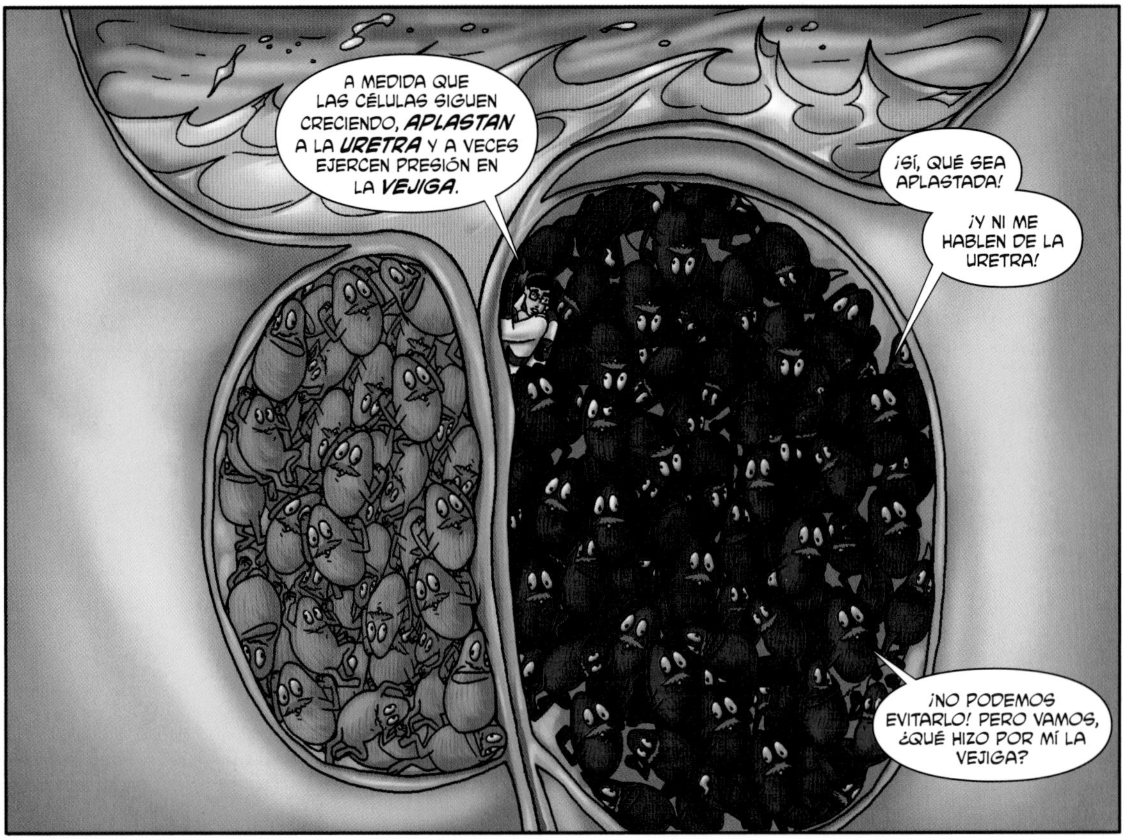
A MEDIDA QUE LAS CÉLULAS SIGUEN CRECIENDO, APLASTAN A LA URETRA Y A VECES EJERCEN PRESIÓN EN LA VEJIGA.
¡SÍ, QUÉ SEA APLASTADA!
¡Y NI ME HABLEN DE LA URETRA!
¡NO PODEMOS EVITARLO! PERO VAMOS, ¿QUÉ HIZO POR MÍ LA VEJIGA?

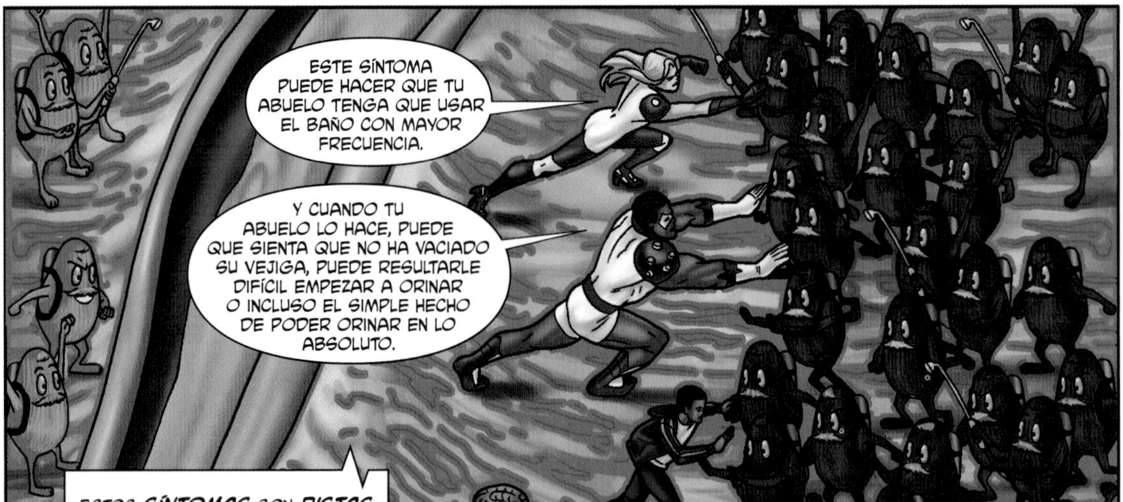
ESTE SÍNTOMA PUEDE HACER QUE TU ABUELO TENGA QUE USAR EL BAÑO CON MAYOR FRECUENCIA.
Y CUANDO TU ABUELO LO HACE, PUEDE QUE SIENTA QUE NO HA VACIADO SU VEJIGA, PUEDE RESULTARLE DIFÍCIL EMPEZAR A ORINAR O INCLUSO EL SIMPLE HECHO DE PODER ORINAR EN LO ABSOLUTO.
ESTOS SÍNTOMAS SON PISTAS QUE HACEN QUE EL MÉDICO PIENSE QUE EL ABUELO TIENE UN PROBLEMA CON SU PRÓSTATA.

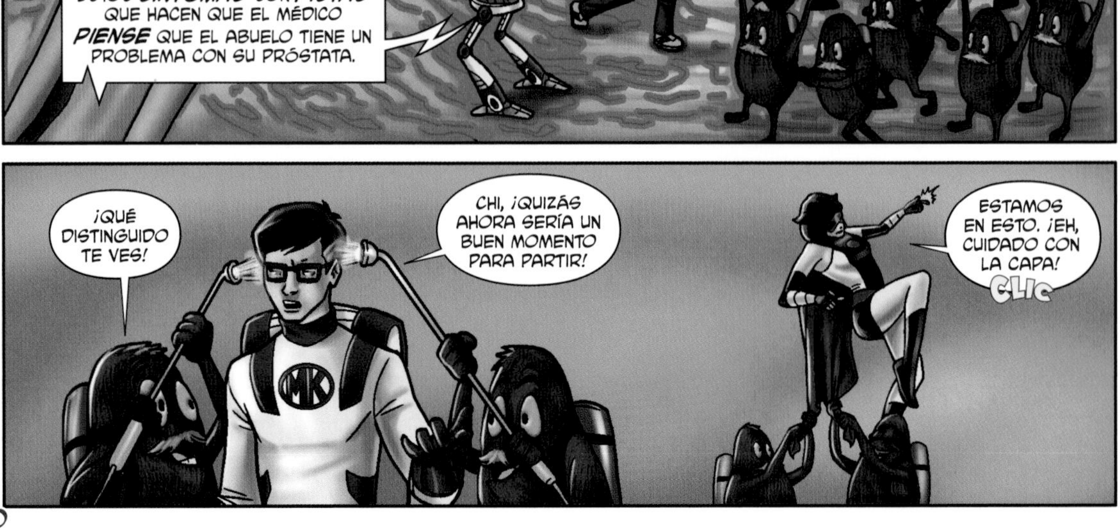
¡QUÉ DISTINGUIDO TE VES!
CHI, ¡QUIZÁS AHORA SERÍA UN BUEN MOMENTO PARA PARTIR!
ESTAMOS EN ESTO. ¡EH, CUIDADO CON LA CAPA!
CLIC

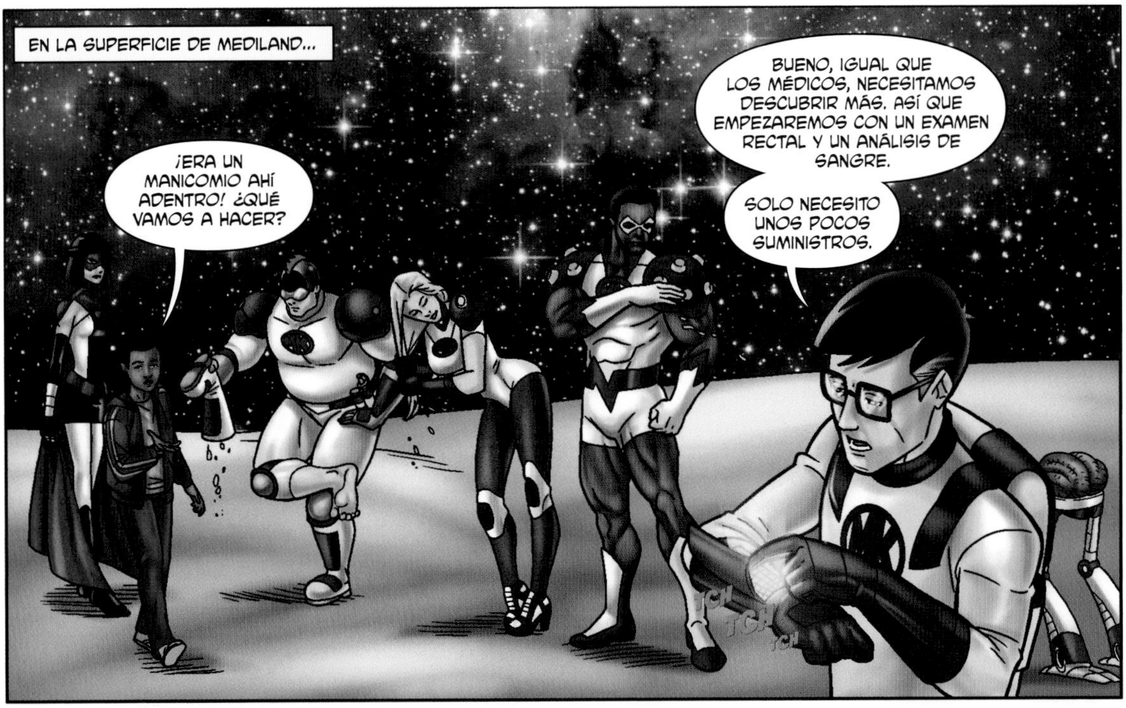
EN LA SUPERFICIE DE MEDILAND...
¡ERA UN MANICOMIO AHÍ ADENTRO! ¿QUÉ VAMOS A HACER?
BUENO, IGUAL QUE LOS MÉDICOS, NECESITAMOS DESCUBRIR MÁS. ASÍ QUE EMPEZAREMOS CON UN EXAMEN RECTAL Y UN ANÁLISIS DE SANGRE.
SOLO NECESITO UNOS POCOS SUMINISTROS.
TCH TCH TCH

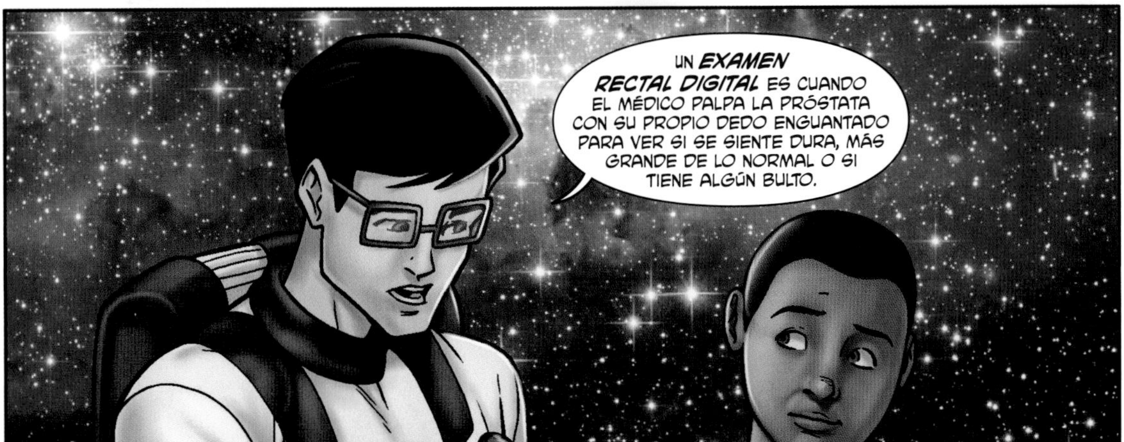
UN ***EXAMEN RECTAL DIGITAL*** ES CUANDO EL MÉDICO PALPA LA PRÓSTATA CON SU PROPIO DEDO ENGUANTADO PARA VER SI SE SIENTE DURA, MÁS GRANDE DE LO NORMAL O SI TIENE ALGÚN BULTO.

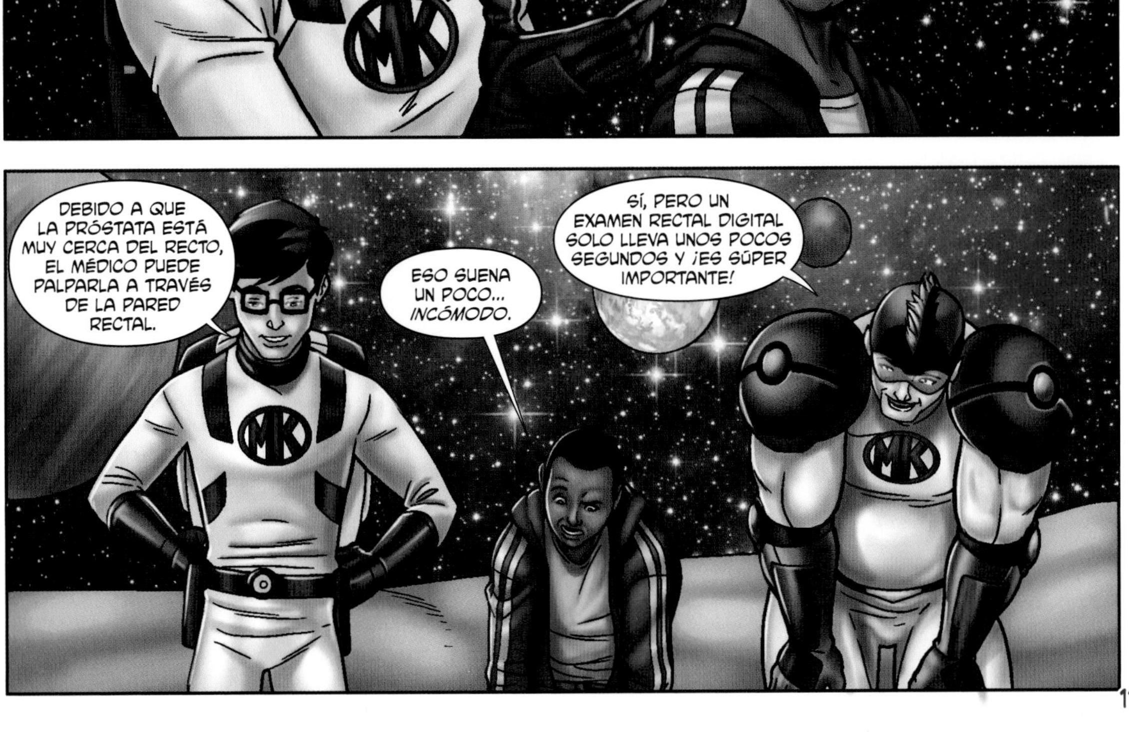
DEBIDO A QUE LA PRÓSTATA ESTÁ MUY CERCA DEL RECTO, EL MÉDICO PUEDE PALPARLA A TRAVÉS DE LA PARED RECTAL.
ESO SUENA UN POCO... *INCÓMODO.*
SÍ, PERO UN EXAMEN RECTAL DIGITAL SOLO LLEVA UNOS POCOS SEGUNDOS Y ¡ES SÚPER IMPORTANTE!

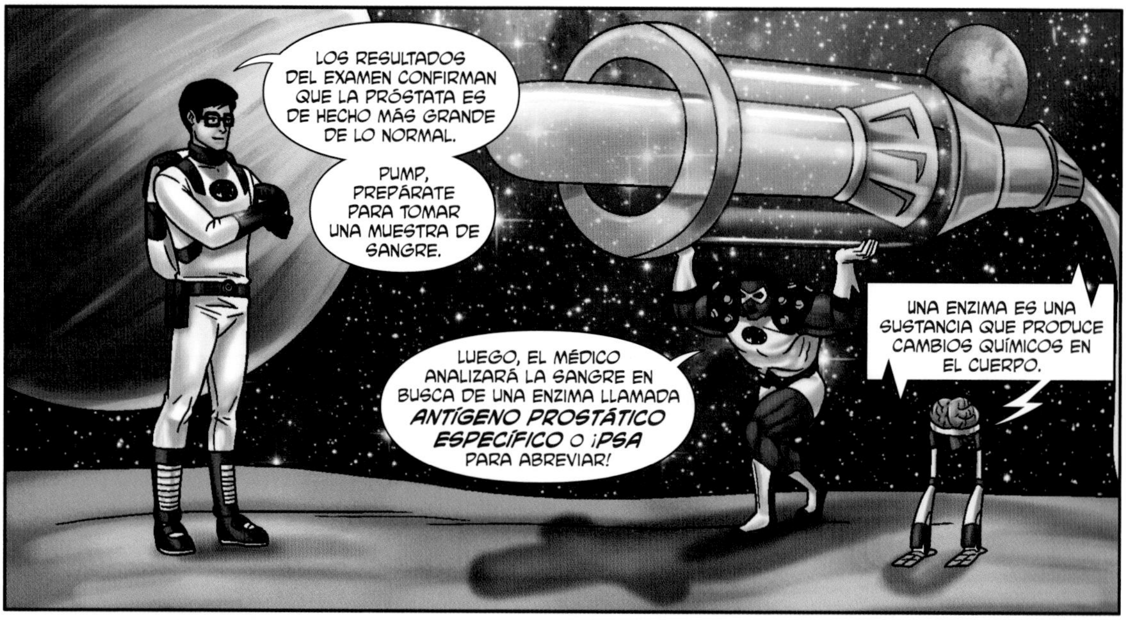
LOS RESULTADOS DEL EXAMEN CONFIRMAN QUE LA PRÓSTATA ES DE HECHO MÁS GRANDE DE LO NORMAL.
PUMP, PREPÁRATE PARA TOMAR UNA MUESTRA DE SANGRE.
LUEGO, EL MÉDICO ANALIZARÁ LA SANGRE EN BUSCA DE UNA ENZIMA LLAMADA ANTÍGENO PROSTÁTICO ESPECÍFICO O ¡PSA PARA ABREVIAR!
UNA ENZIMA ES UNA SUSTANCIA QUE PRODUCE CAMBIOS QUÍMICOS EN EL CUERPO.

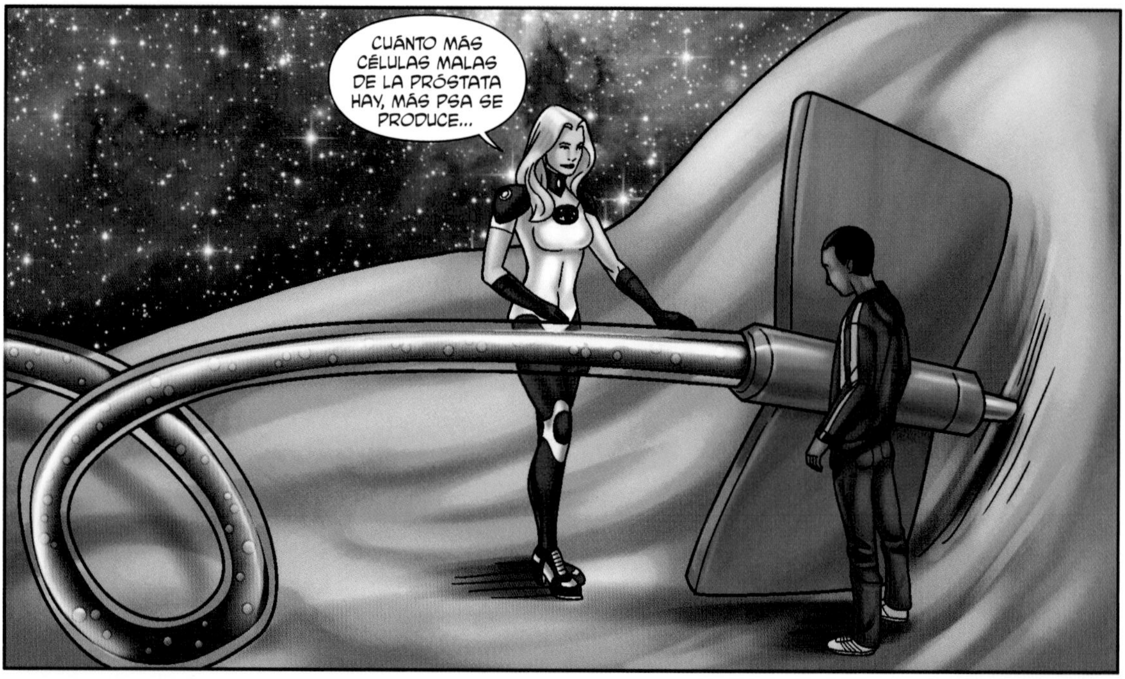
CUÁNTO MÁS CÉLULAS MALAS DE LA PRÓSTATA HAY, MÁS PSA SE PRODUCE...

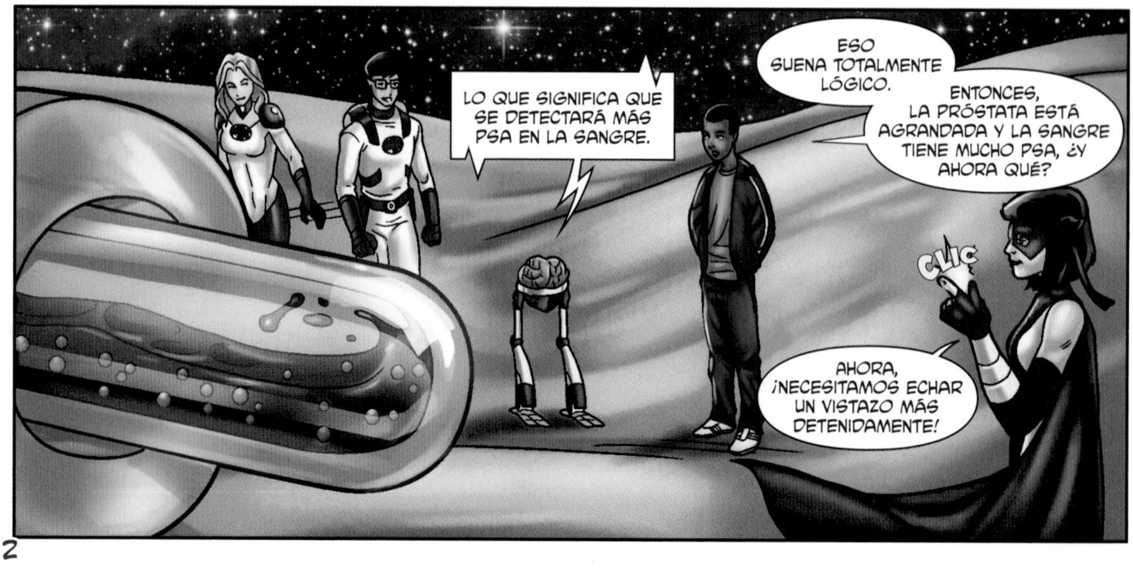
LO QUE SIGNIFICA QUE SE DETECTARÁ MÁS PSA EN LA SANGRE.
ESO SUENA TOTALMENTE LÓGICO.
ENTONCES, LA PRÓSTATA ESTÁ AGRANDADA Y LA SANGRE TIENE MUCHO PSA, ¿Y AHORA QUÉ?
CLIC
AHORA, ¡NECESITAMOS ECHAR UN VISTAZO MÁS DETENIDAMENTE!

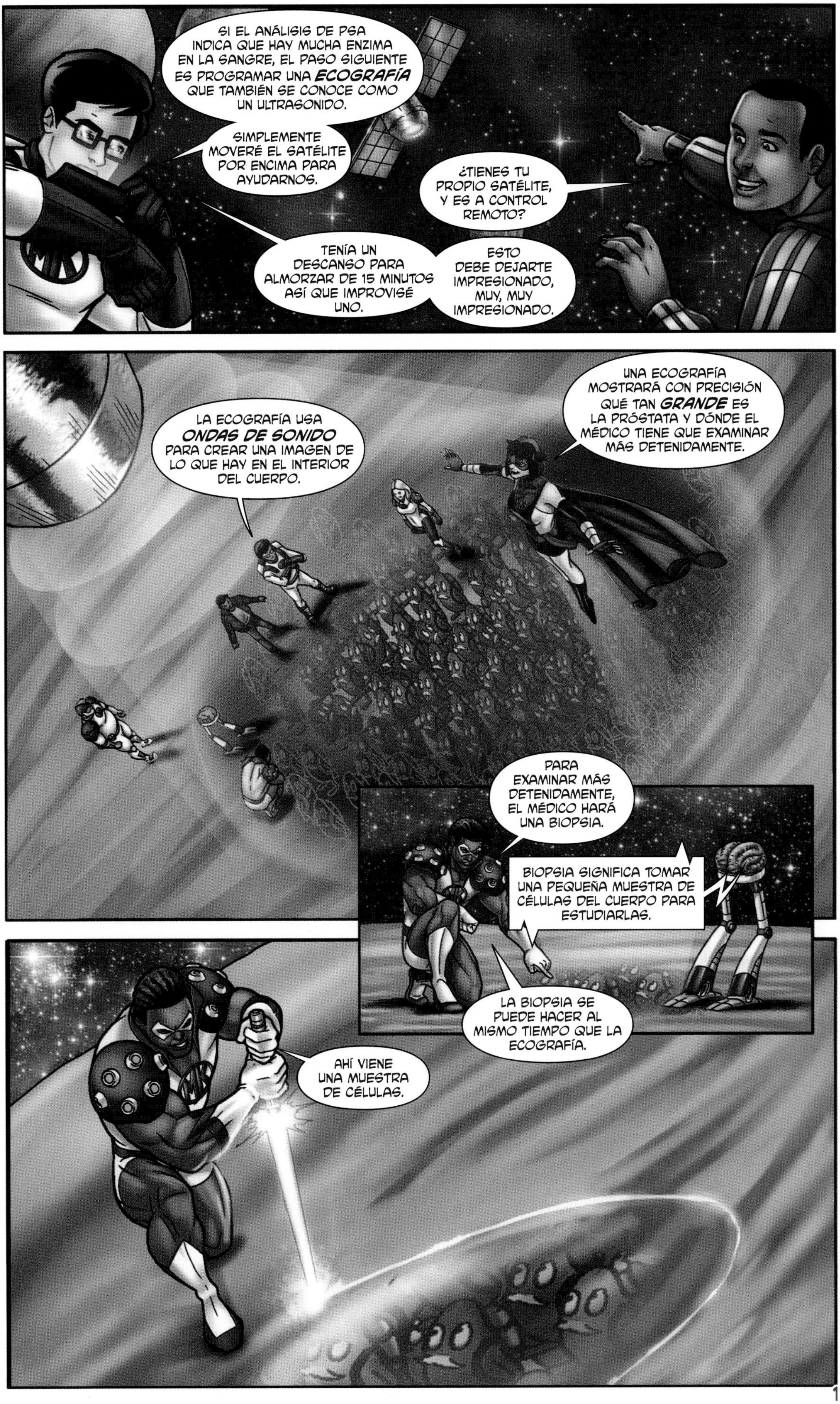
SI EL ANÁLISIS DE PSA INDICA QUE HAY MUCHA ENZIMA EN LA SANGRE, EL PASO SIGUIENTE ES PROGRAMAR UNA ECOGRAFÍA QUE TAMBIÉN SE CONOCE COMO UN ULTRASONIDO.
SIMPLEMENTE MOVERÉ EL SATÉLITE POR ENCIMA PARA AYUDARNOS.
¿TIENES TU PROPIO SATÉLITE, Y ES A CONTROL REMOTO?
TENÍA UN DESCANSO PARA ALMORZAR DE 15 MINUTOS ASÍ QUE IMPROVISÉ UNO.
ESTO DEBE DEJARTE IMPRESIONADO, MUY, MUY IMPRESIONADO.
LA ECOGRAFÍA USA ONDAS DE SONIDO PARA CREAR UNA IMAGEN DE LO QUE HAY EN EL INTERIOR DEL CUERPO.
UNA ECOGRAFÍA MOSTRARÁ CON PRECISIÓN QUÉ TAN GRANDE ES LA PRÓSTATA Y DÓNDE EL MÉDICO TIENE QUE EXAMINAR MÁS DETENIDAMENTE.
PARA EXAMINAR MÁS DETENIDAMENTE, EL MÉDICO HARÁ UNA BIOPSIA.
BIOPSIA SIGNIFICA TOMAR UNA PEQUEÑA MUESTRA DE CÉLULAS DEL CUERPO PARA ESTUDIARLAS.
LA BIOPSIA SE PUEDE HACER AL MISMO TIEMPO QUE LA ECOGRAFÍA.
AHÍ VIENE UNA MUESTRA DE CÉLULAS.

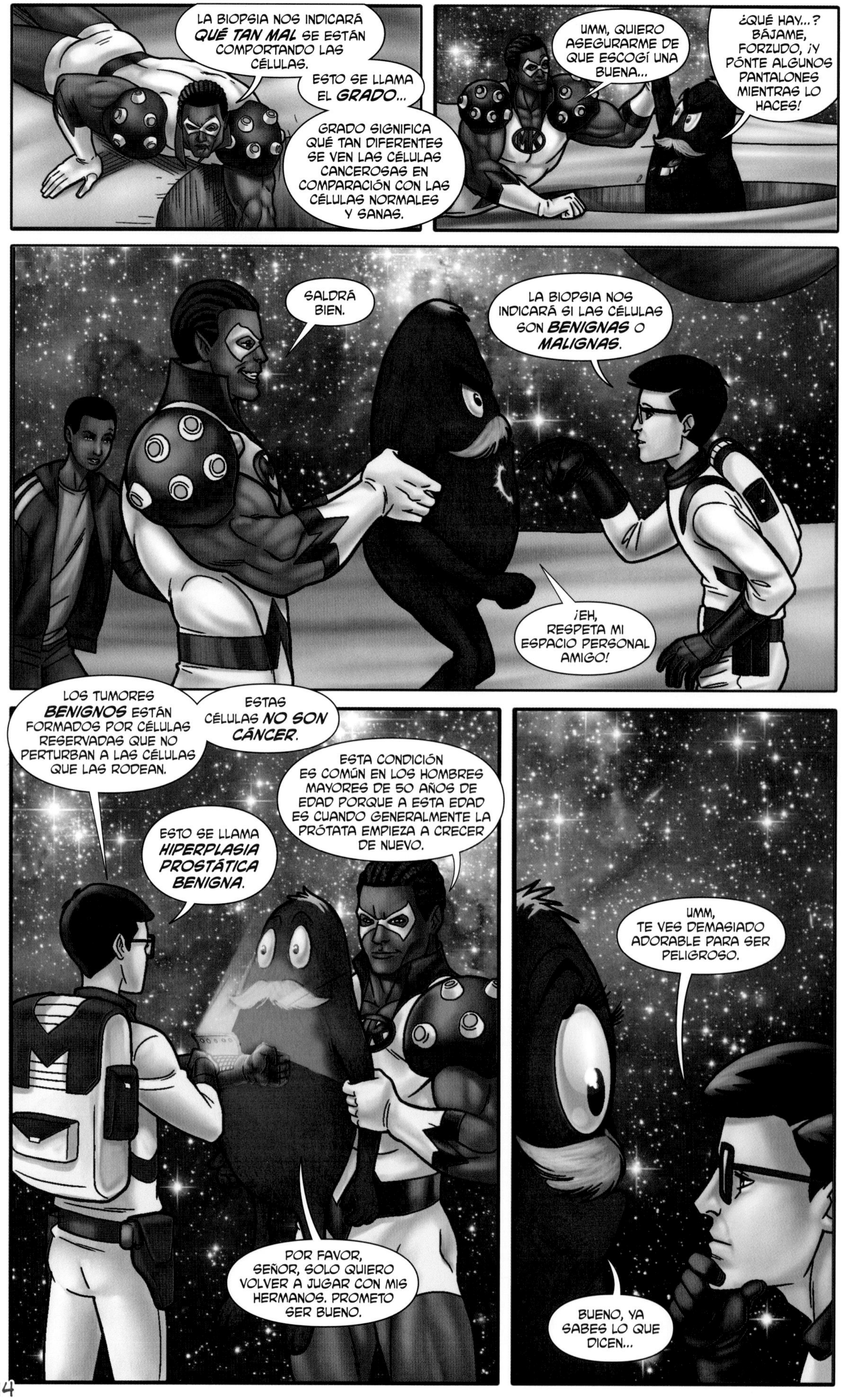
LA BIOPSIA NOS INDICARÁ *QUÉ TAN MAL* SE ESTÁN COMPORTANDO LAS CÉLULAS.
ESTO SE LLAMA EL *GRADO*...
GRADO SIGNIFICA QUÉ TAN DIFERENTES SE VEN LAS CÉLULAS CANCEROSAS EN COMPARACIÓN CON LAS CÉLULAS NORMALES Y SANAS.
UMM, QUIERO ASEGURARME DE QUE ESCOGÍ UNA BUENA...
¿QUÉ HAY...? BÁJAME, FORZUDO, ¡Y PÓNTE ALGUNOS PANTALONES MIENTRAS LO HACES!
SALDRÁ BIEN.
LA BIOPSIA NOS INDICARÁ SI LAS CÉLULAS SON *BENIGNAS* O *MALIGNAS*.
¡EH, RESPETA MI ESPACIO PERSONAL AMIGO!
LOS TUMORES *BENIGNOS* ESTÁN FORMADOS POR CÉLULAS RESERVADAS QUE NO PERTURBAN A LAS CÉLULAS QUE LAS RODEAN.
ESTAS CÉLULAS *NO SON CÁNCER*.
ESTO SE LLAMA *HIPERPLASIA PROSTÁTICA BENIGNA*.
ESTA CONDICIÓN ES COMÚN EN LOS HOMBRES MAYORES DE 50 AÑOS DE EDAD PORQUE A ESTA EDAD ES CUANDO GENERALMENTE LA PRÓTATA EMPIEZA A CRECER DE NUEVO.
POR FAVOR, SEÑOR, SOLO QUIERO VOLVER A JUGAR CON MIS HERMANOS. PROMETO SER BUENO.
UMM, TE VES DEMASIADO ADORABLE PARA SER PELIGROSO.
BUENO, YA SABES LO QUE DICEN...

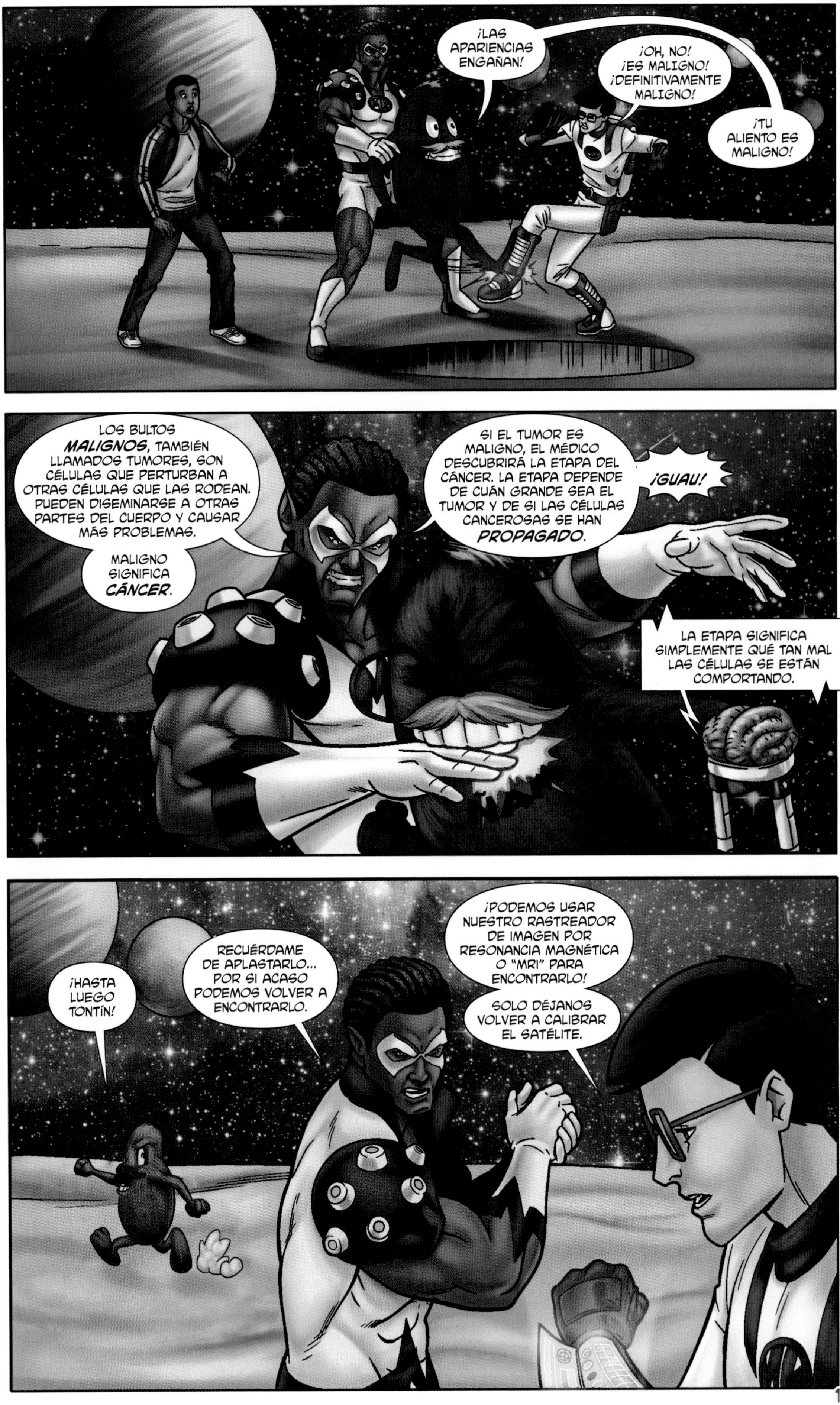
¡LAS APARIENCIAS ENGAÑAN!
¡OH, NO! ¡ES MALIGNO! ¡DEFINITIVAMENTE MALIGNO!
¡TU ALIENTO ES MALIGNO!
LOS BULTOS *MALIGNOS*, TAMBIÉN LLAMADOS TUMORES, SON CÉLULAS QUE PERTURBAN A OTRAS CÉLULAS QUE LAS RODEAN. PUEDEN DISEMINARSE A OTRAS PARTES DEL CUERPO Y CAUSAR MÁS PROBLEMAS.
MALIGNO SIGNIFICA *CÁNCER*.
SI EL TUMOR ES MALIGNO, EL MÉDICO DESCUBRIRÁ LA ETAPA DEL CÁNCER. LA ETAPA DEPENDE DE CUÁN GRANDE SEA EL TUMOR Y DE SI LAS CÉLULAS CANCEROSAS SE HAN *PROPAGADO*.
¡GUAU!
LA ETAPA SIGNIFICA SIMPLEMENTE QUÉ TAN MAL LAS CÉLULAS SE ESTÁN COMPORTANDO.
¡HASTA LUEGO TONTÍN!
RECUÉRDAME DE APLASTARLO... POR SI ACASO PODEMOS VOLVER A ENCONTRARLO.
¡PODEMOS USAR NUESTRO RASTREADOR DE IMAGEN POR RESONANCIA MAGNÉTICA O "MRI" PARA ENCONTRARLO!
SOLO DÉJANOS VOLVER A CALIBRAR EL SATÉLITE.

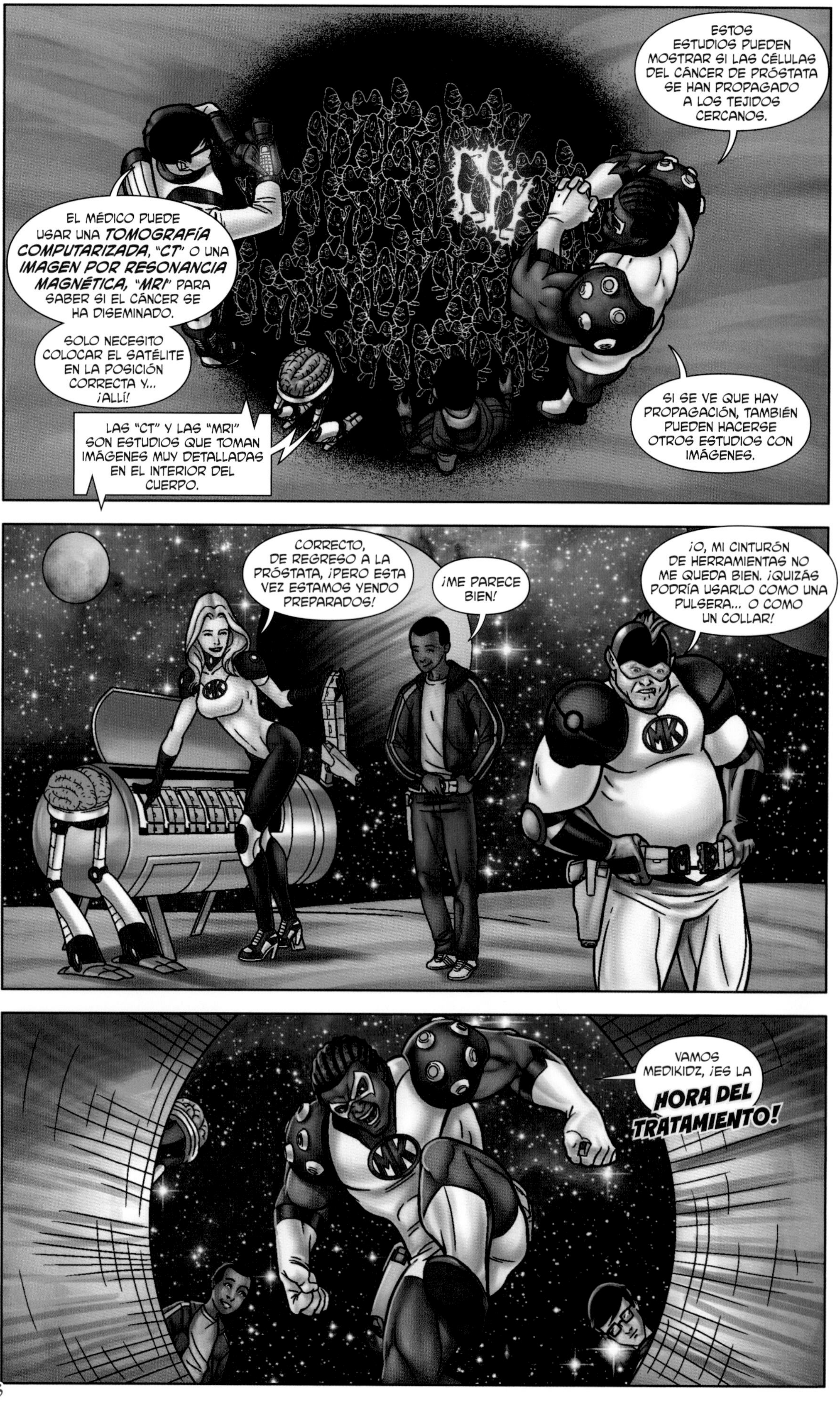
EL MÉDICO PUEDE USAR UNA TOMOGRAFÍA COMPUTARIZADA, "CT" O UNA IMAGEN POR RESONANCIA MAGNÉTICA, "MRI" PARA SABER SI EL CÁNCER SE HA DISEMINADO.
SOLO NECESITO COLOCAR EL SATÉLITE EN LA POSICIÓN CORRECTA Y... ¡ALLÍ!
LAS "CT" Y LAS "MRI" SON ESTUDIOS QUE TOMAN IMÁGENES MUY DETALLADAS EN EL INTERIOR DEL CUERPO.
ESTOS ESTUDIOS PUEDEN MOSTRAR SI LAS CÉLULAS DEL CÁNCER DE PRÓSTATA SE HAN PROPAGADO A LOS TEJIDOS CERCANOS.
SI SE VE QUE HAY PROPAGACIÓN, TAMBIÉN PUEDEN HACERSE OTROS ESTUDIOS CON IMÁGENES.
CORRECTO, DE REGRESO A LA PRÓSTATA, ¡PERO ESTA VEZ ESTAMOS YENDO PREPARADOS!
¡ME PARECE BIEN!
¡O, MI CINTURÓN DE HERRAMIENTAS NO ME QUEDA BIEN. ¡QUIZÁS PODRÍA USARLO COMO UNA PULSERA... O COMO UN COLLAR!
VAMOS MEDIKIDZ, ¡ES LA HORA DEL TRATAMIENTO!

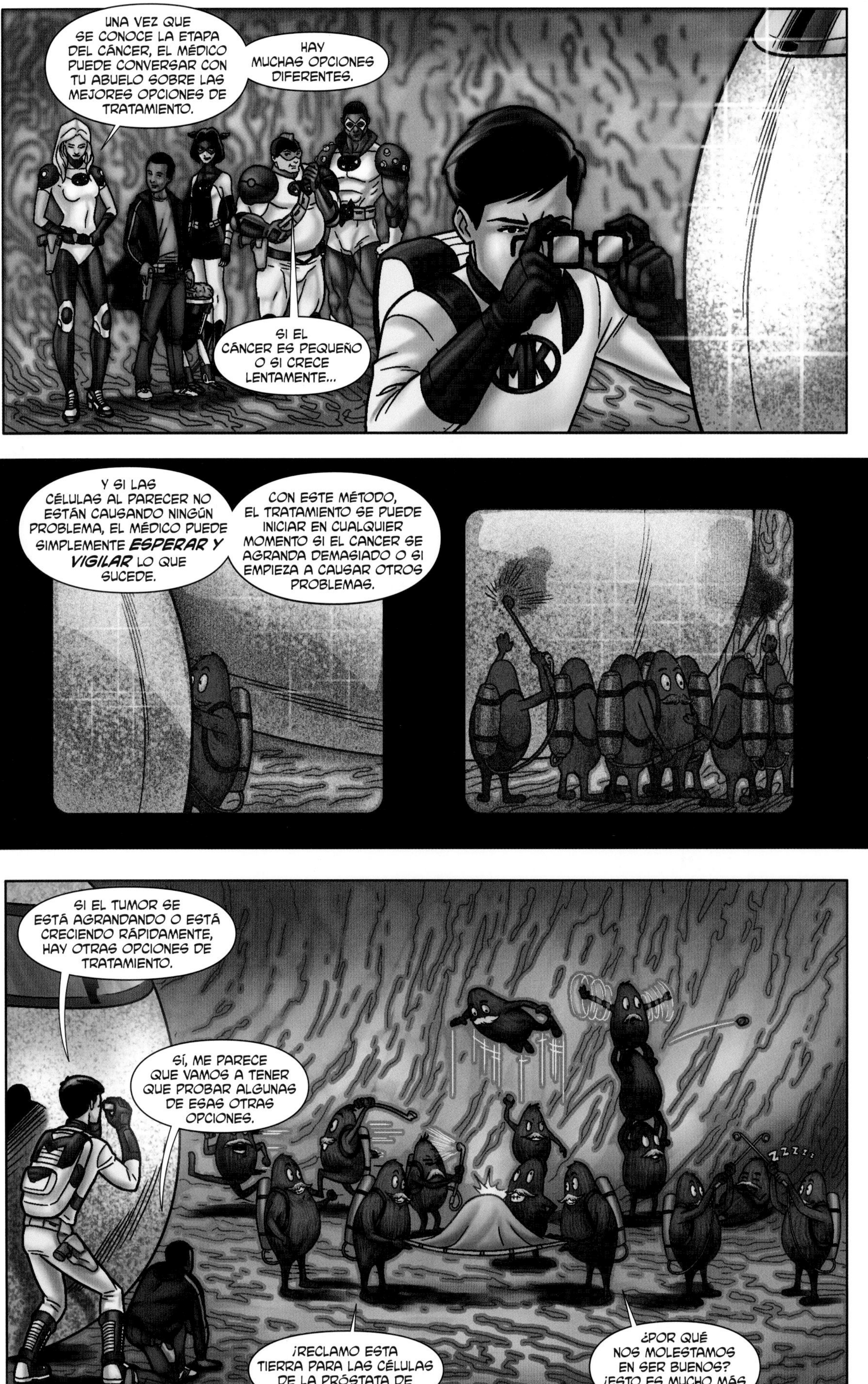
UNA VEZ QUE SE CONOCE LA ETAPA DEL CÁNCER, EL MÉDICO PUEDE CONVERSAR CON TU ABUELO SOBRE LAS MEJORES OPCIONES DE TRATAMIENTO.
HAY MUCHAS OPCIONES DIFERENTES.
SI EL CÁNCER ES PEQUEÑO O SI CRECE LENTAMENTE...
Y SI LAS CÉLULAS AL PARECER NO ESTÁN CAUSANDO NINGÚN PROBLEMA, EL MÉDICO PUEDE SIMPLEMENTE ESPERAR Y VIGILAR LO QUE SUCEDE.
CON ESTE MÉTODO, EL TRATAMIENTO SE PUEDE INICIAR EN CUALQUIER MOMENTO SI EL CANCER SE AGRANDA DEMASIADO O SI EMPIEZA A CAUSAR OTROS PROBLEMAS.
SI EL TUMOR SE ESTÁ AGRANDANDO O ESTÁ CRECIENDO RÁPIDAMENTE, HAY OTRAS OPCIONES DE TRATAMIENTO.
SÍ, ME PARECE QUE VAMOS A TENER QUE PROBAR ALGUNAS DE ESAS OTRAS OPCIONES.
ZZZZZ
¡RECLAMO ESTA TIERRA PARA LAS CÉLULAS DE LA PRÓSTATA DE TODOS LADOS!
¿POR QUÉ NOS MOLESTAMOS EN SER BUENOS? ¡ESTO ES MUCHO MÁS DIVERTIDO!

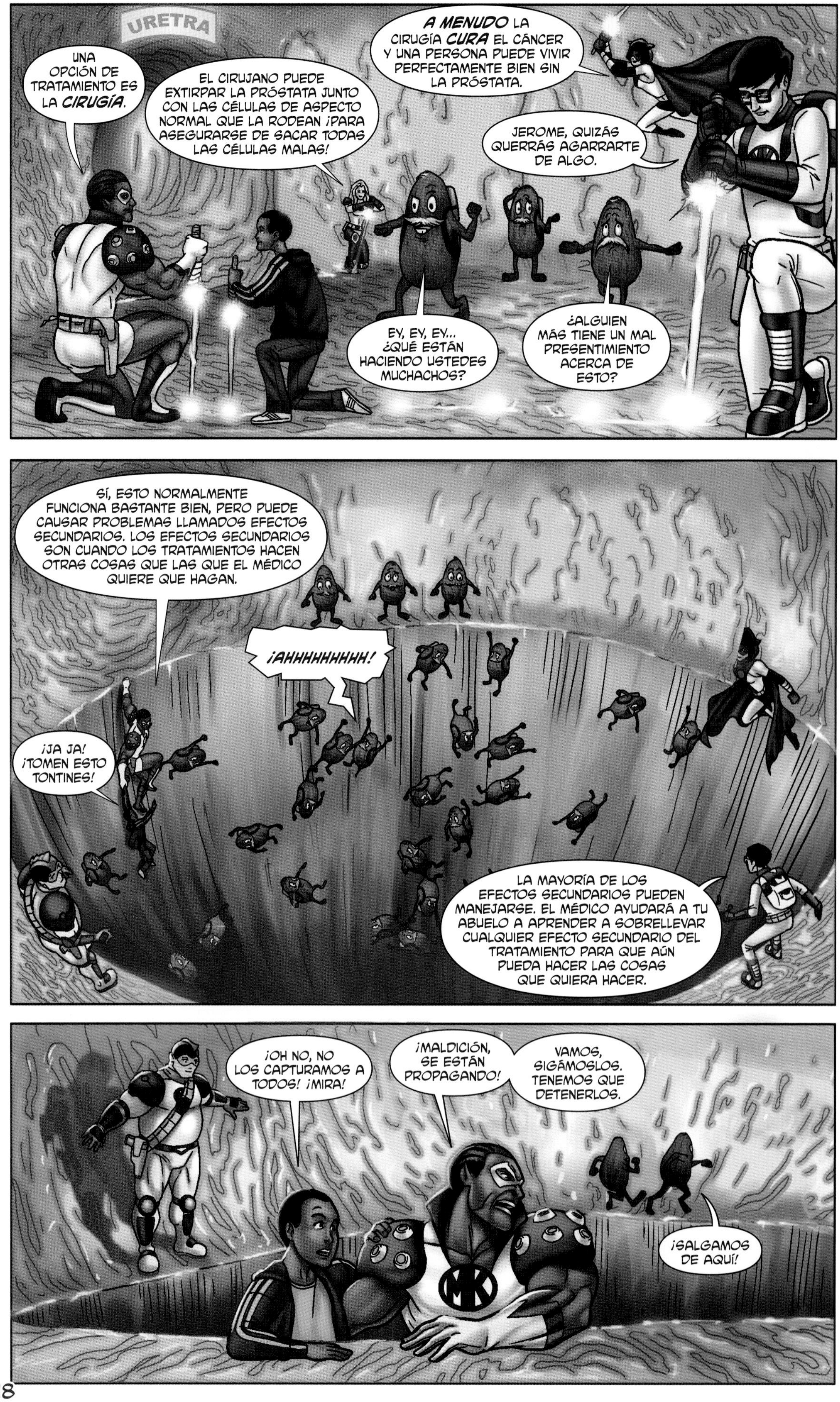
URETRA
UNA OPCIÓN DE TRATAMIENTO ES LA *CIRUGÍA*.
EL CIRUJANO PUEDE EXTIRPAR LA PRÓSTATA JUNTO CON LAS CÉLULAS DE ASPECTO NORMAL QUE LA RODEAN ¡PARA ASEGURARSE DE SACAR TODAS LAS CÉLULAS MALAS!
*A MENUDO* LA CIRUGÍA *CURA* EL CÁNCER Y UNA PERSONA PUEDE VIVIR PERFECTAMENTE BIEN SIN LA PRÓSTATA.
JEROME, QUIZÁS QUERRÁS AGARRARTE DE ALGO.
EY, EY, EY... ¿QUÉ ESTÁN HACIENDO USTEDES MUCHACHOS?
¿ALGUIEN MÁS TIENE UN MAL PRESENTIMIENTO ACERCA DE ESTO?
SÍ, ESTO NORMALMENTE FUNCIONA BASTANTE BIEN, PERO PUEDE CAUSAR PROBLEMAS LLAMADOS EFECTOS SECUNDARIOS. LOS EFECTOS SECUNDARIOS SON CUANDO LOS TRATAMIENTOS HACEN OTRAS COSAS QUE LAS QUE EL MÉDICO QUIERE QUE HAGAN.
¡AHHHHHHHHH!
¡JA JA! ¡TOMEN ESTO TONTINES!
LA MAYORÍA DE LOS EFECTOS SECUNDARIOS PUEDEN MANEJARSE. EL MÉDICO AYUDARÁ A TU ABUELO A APRENDER A SOBRELLEVAR CUALQUIER EFECTO SECUNDARIO DEL TRATAMIENTO PARA QUE AÚN PUEDA HACER LAS COSAS QUE QUIERA HACER.
¡OH NO, NO LOS CAPTURAMOS A TODOS! ¡MIRA!
¡MALDICIÓN, SE ESTÁN PROPAGANDO!
VAMOS, SIGÁMOSLOS. TENEMOS QUE DETENERLOS.
¡SALGAMOS DE AQUÍ!
MK

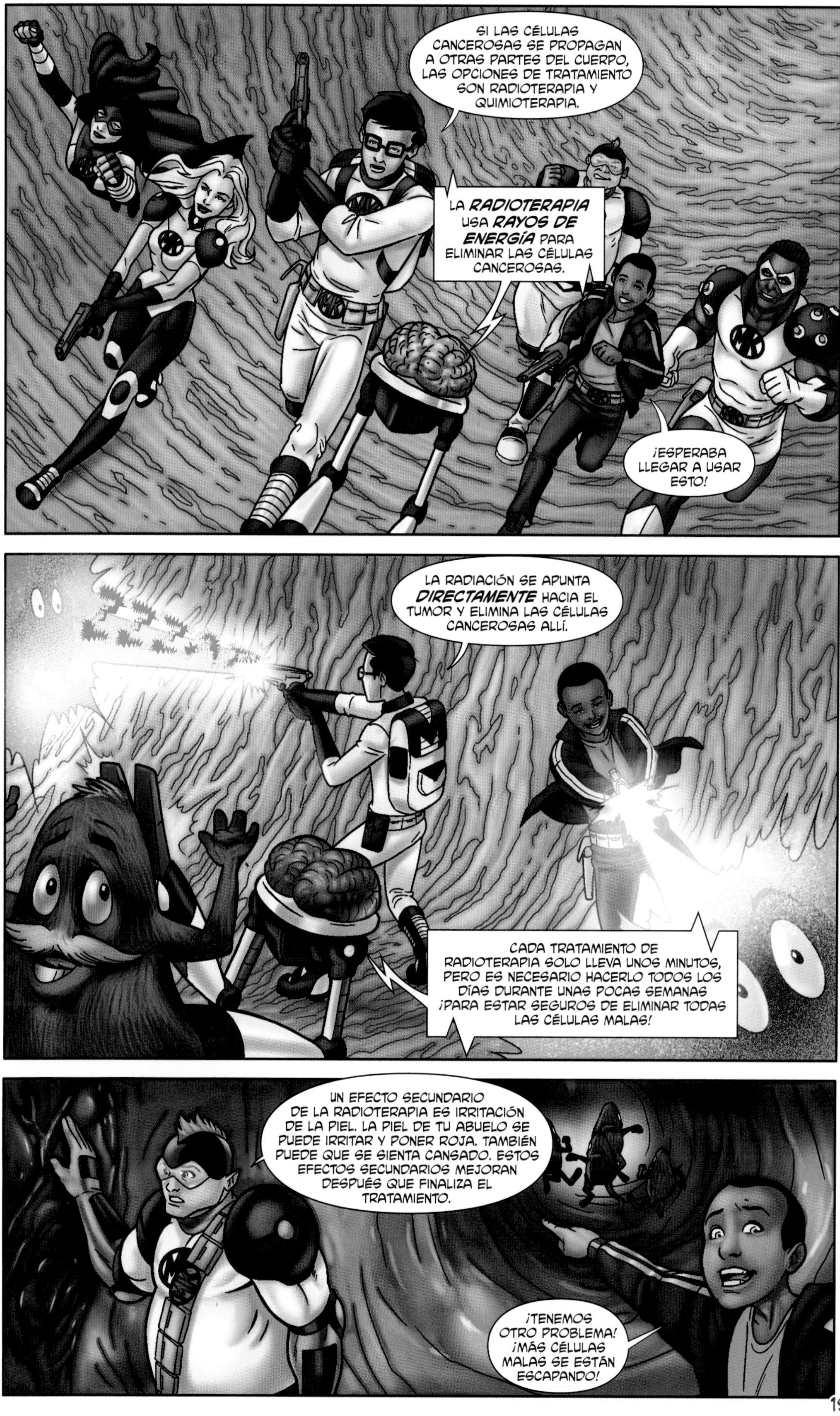
SI LAS CÉLULAS CANCEROSAS SE PROPAGAN A OTRAS PARTES DEL CUERPO, LAS OPCIONES DE TRATAMIENTO SON RADIOTERAPIA Y QUIMIOTERAPIA.
LA *RADIOTERAPIA* USA *RAYOS DE ENERGÍA* PARA ELIMINAR LAS CÉLULAS CANCEROSAS.
¡ESPERABA LLEGAR A USAR ESTO!
LA RADIACIÓN SE APUNTA *DIRECTAMENTE* HACIA EL TUMOR Y ELIMINA LAS CÉLULAS CANCEROSAS ALLÍ.
CADA TRATAMIENTO DE RADIOTERAPIA SOLO LLEVA UNOS MINUTOS, PERO ES NECESARIO HACERLO TODOS LOS DÍAS DURANTE UNAS POCAS SEMANAS ¡PARA ESTAR SEGUROS DE ELIMINAR TODAS LAS CÉLULAS MALAS!
UN EFECTO SECUNDARIO DE LA RADIOTERAPIA ES IRRITACIÓN DE LA PIEL. LA PIEL DE TU ABUELO SE PUEDE IRRITAR Y PONER ROJA. TAMBIÉN PUEDE QUE SE SIENTA CANSADO. ESTOS EFECTOS SECUNDARIOS MEJORAN DESPUÉS QUE FINALIZA EL TRATAMIENTO.
¡TENEMOS OTRO PROBLEMA! ¡MÁS CÉLULAS MALAS SE ESTÁN ESCAPANDO!

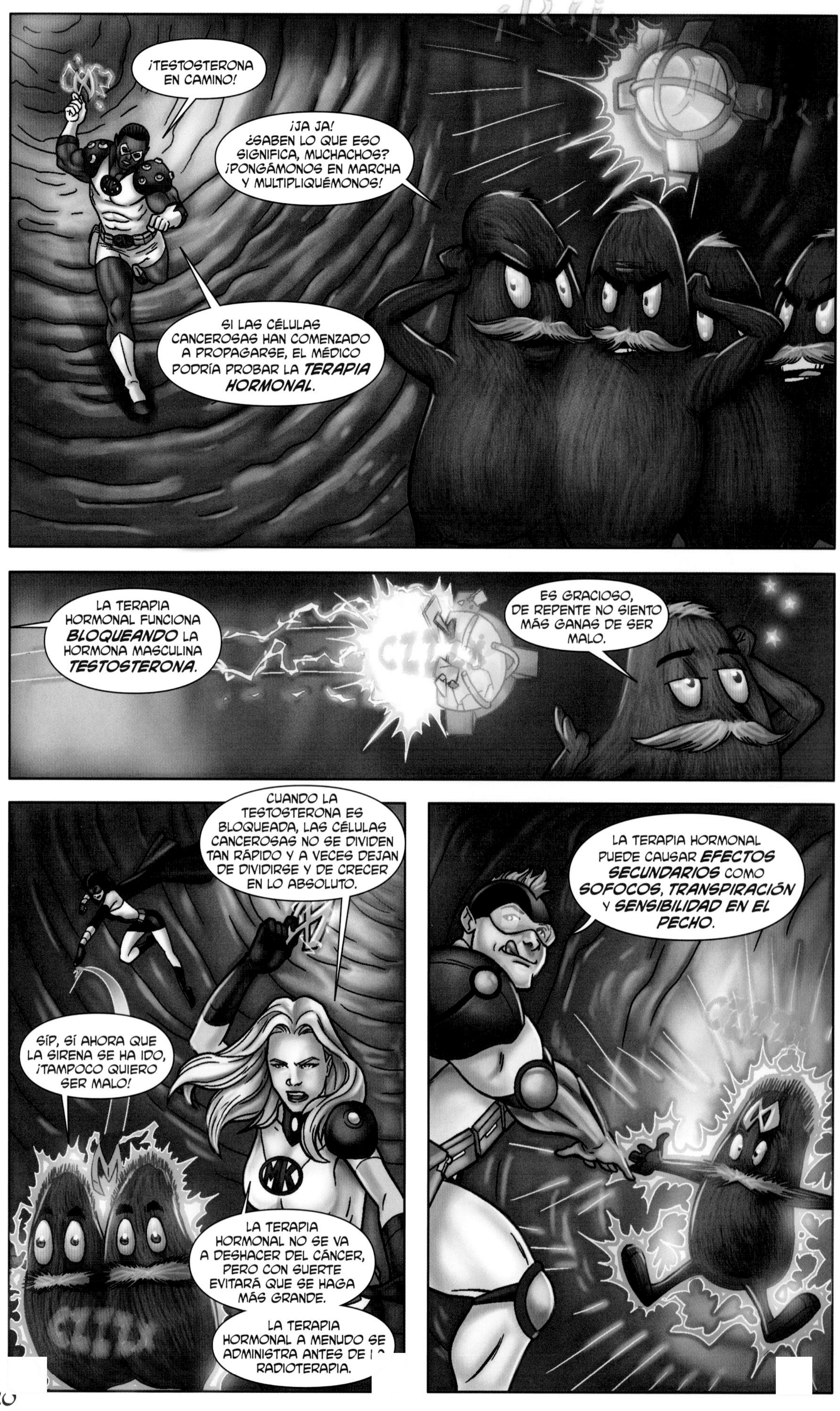
¡TESTOSTERONA EN CAMINO!
¡JA JA! ¿SABEN LO QUE ESO SIGNIFICA, MUCHACHOS? ¡PONGÁMONOS EN MARCHA Y MULTIPLIQUÉMONOS!
SI LAS CÉLULAS CANCEROSAS HAN COMENZADO A PROPAGARSE, EL MÉDICO PODRÍA PROBAR LA **TERAPIA HORMONAL**.
LA TERAPIA HORMONAL FUNCIONA **BLOQUEANDO** LA HORMONA MASCULINA **TESTOSTERONA**.
ES GRACIOSO, DE REPENTE NO SIENTO MÁS GANAS DE SER MALO.
CUANDO LA TESTOSTERONA ES BLOQUEADA, LAS CÉLULAS CANCEROSAS NO SE DIVIDEN TAN RÁPIDO Y A VECES DEJAN DE DIVIDIRSE Y DE CRECER EN LO ABSOLUTO.
SÍP, SÍ AHORA QUE LA SIRENA SE HA IDO, ¡TAMPOCO QUIERO SER MALO!
LA TERAPIA HORMONAL NO SE VA A DESHACER DEL CÁNCER, PERO CON SUERTE EVITARÁ QUE SE HAGA MÁS GRANDE.
LA TERAPIA HORMONAL A MENUDO SE ADMINISTRA ANTES DE LA RADIOTERAPIA.
LA TERAPIA HORMONAL PUEDE CAUSAR **EFECTOS SECUNDARIOS** COMO **SOFOCOS**, **TRANSPIRACIÓN** Y **SENSIBILIDAD EN EL PECHO**.

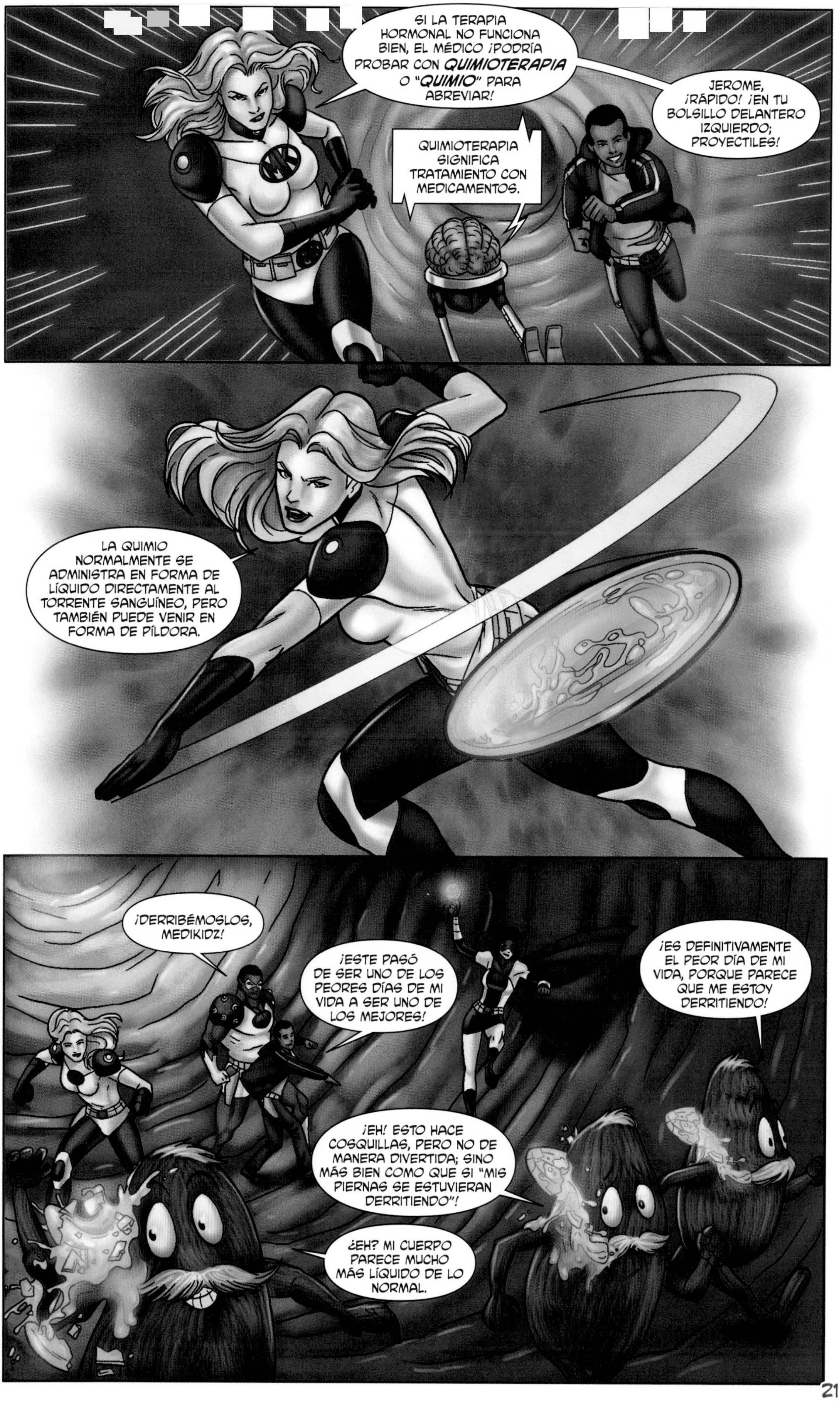
SI LA TERAPIA HORMONAL NO FUNCIONA BIEN, EL MÉDICO ¡PODRÍA PROBAR CON QUIMIOTERAPIA O "QUIMIO" PARA ABREVIAR!
QUIMIOTERAPIA SIGNIFICA TRATAMIENTO CON MEDICAMENTOS.
JEROME, ¡RÁPIDO! ¡EN TU BOLSILLO DELANTERO IZQUIERDO; PROYECTILES!
LA QUIMIO NORMALMENTE SE ADMINISTRA EN FORMA DE LÍQUIDO DIRECTAMENTE AL TORRENTE SANGUÍNEO, PERO TAMBIÉN PUEDE VENIR EN FORMA DE PÍLDORA.
¡DERRIBÉMOSLOS, MEDIKIDZ!
¡ESTE PASÓ DE SER UNO DE LOS PEORES DÍAS DE MI VIDA A SER UNO DE LOS MEJORES!
¡ES DEFINITIVAMENTE EL PEOR DÍA DE MI VIDA, PORQUE PARECE QUE ME ESTOY DERRITIENDO!
¡EH! ESTO HACE COSQUILLAS, PERO NO DE MANERA DIVERTIDA; SINO MÁS BIEN COMO QUE SI "MIS PIERNAS SE ESTUVIERAN DERRITIENDO"!
¿EH? MI CUERPO PARECE MUCHO MÁS LÍQUIDO DE LO NORMAL.

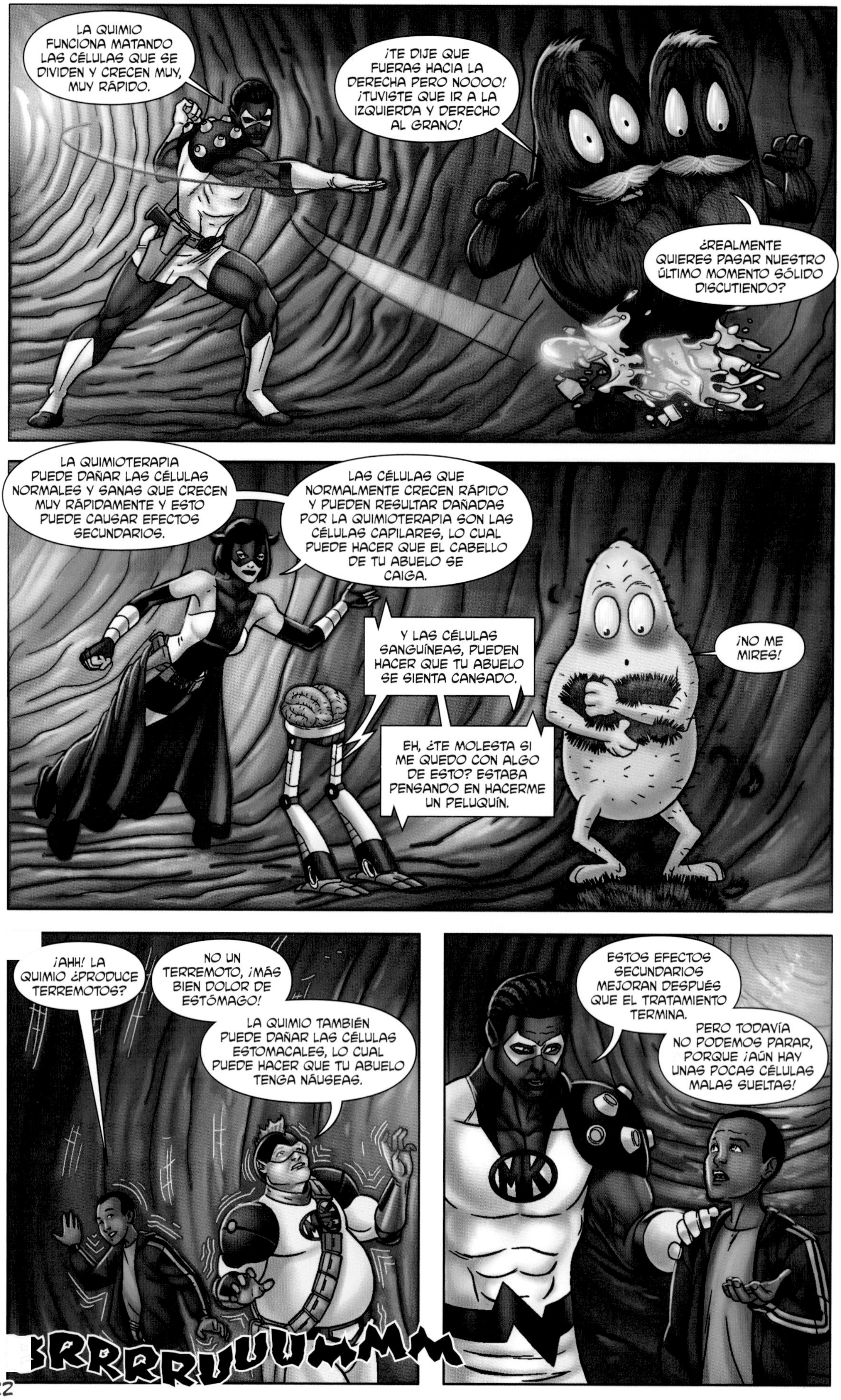

LA QUIMIO FUNCIONA MATANDO LAS CÉLULAS QUE SE DIVIDEN Y CRECEN MUY, MUY RÁPIDO.
¡TE DIJE QUE FUERAS HACIA LA DERECHA PERO NOOOO! ¡TUVISTE QUE IR A LA IZQUIERDA Y DERECHO AL GRANO!
¿REALMENTE QUIERES PASAR NUESTRO ÚLTIMO MOMENTO SÓLIDO DISCUTIENDO?
LA QUIMIOTERAPIA PUEDE DAÑAR LAS CÉLULAS NORMALES Y SANAS QUE CRECEN MUY RÁPIDAMENTE Y ESTO PUEDE CAUSAR EFECTOS SECUNDARIOS.
LAS CÉLULAS QUE NORMALMENTE CRECEN RÁPIDO Y PUEDEN RESULTAR DAÑADAS POR LA QUIMIOTERAPIA SON LAS CÉLULAS CAPILARES, LO CUAL PUEDE HACER QUE EL CABELLO DE TU ABUELO SE CAIGA.
Y LAS CÉLULAS SANGUÍNEAS, PUEDEN HACER QUE TU ABUELO SE SIENTA CANSADO.
¡NO ME MIRES!
EH, ¿TE MOLESTA SI ME QUEDO CON ALGO DE ESTO? ESTABA PENSANDO EN HACERME UN PELUQUÍN.
¡AHH! LA QUIMIO ¿PRODUCE TERREMOTOS?
NO UN TERREMOTO, ¡MÁS BIEN DOLOR DE ESTÓMAGO!
LA QUIMIO TAMBIÉN PUEDE DAÑAR LAS CÉLULAS ESTOMACALES, LO CUAL PUEDE HACER QUE TU ABUELO TENGA NÁUSEAS.
RRRRUUUMMM
ESTOS EFECTOS SECUNDARIOS MEJORAN DESPUÉS QUE EL TRATAMIENTO TERMINA.
PERO TODAVÍA NO PODEMOS PARAR, PORQUE ¡AÚN HAY UNAS POCAS CÉLULAS MALAS SUELTAS!

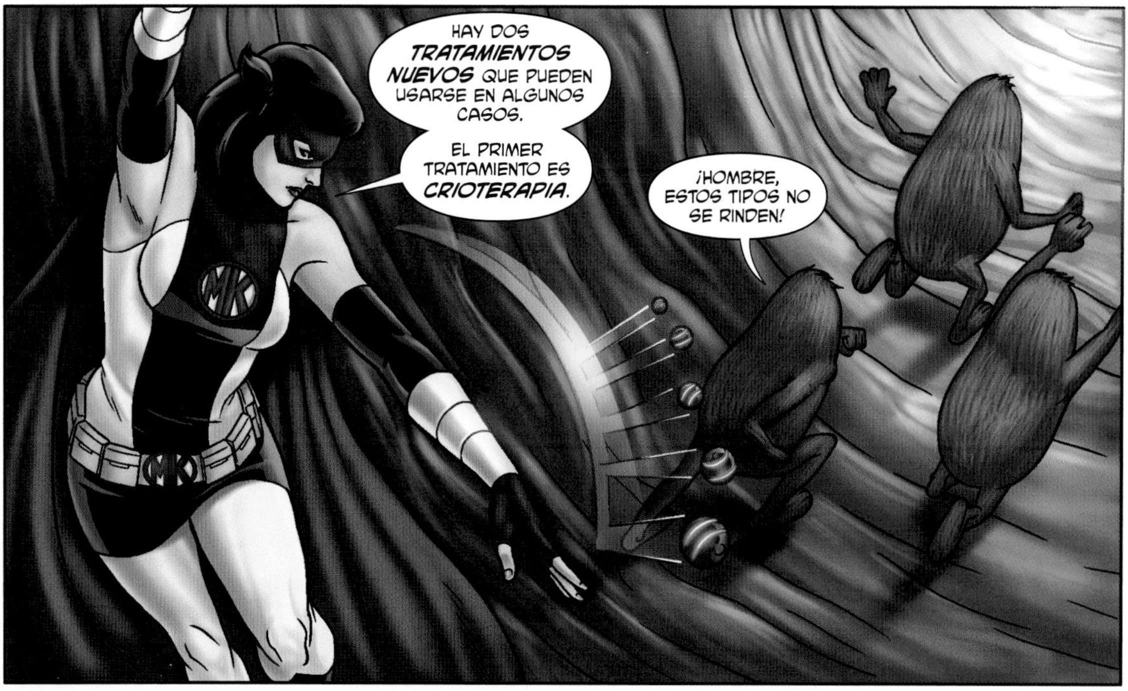
HAY DOS *TRATAMIENTOS NUEVOS* QUE PUEDEN USARSE EN ALGUNOS CASOS.
EL PRIMER TRATAMIENTO ES *CRIOTERAPIA*.
¡HOMBRE, ESTOS TIPOS NO SE RINDEN!

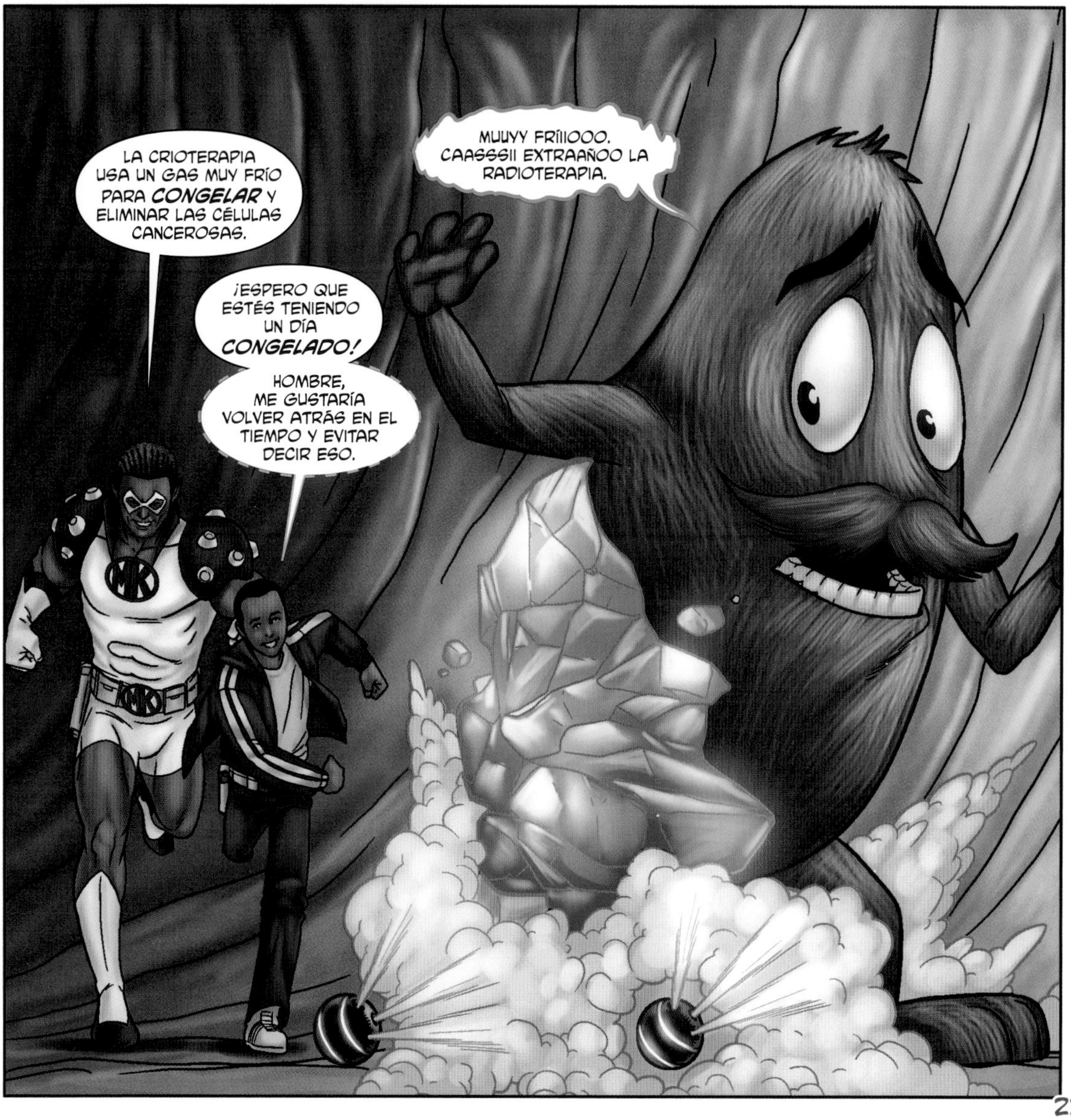
LA CRIOTERAPIA USA UN GAS MUY FRÍO PARA *CONGELAR* Y ELIMINAR LAS CÉLULAS CANCEROSAS.
MUUYY FRÍIIOOO. CAASSSII EXTRAAÑOO LA RADIOTERAPIA.
¡ESPERO QUE ESTÉS TENIENDO UN DÍA *CONGELADO*!
HOMBRE, ME GUSTARÍA VOLVER ATRÁS EN EL TIEMPO Y EVITAR DECIR ESO.

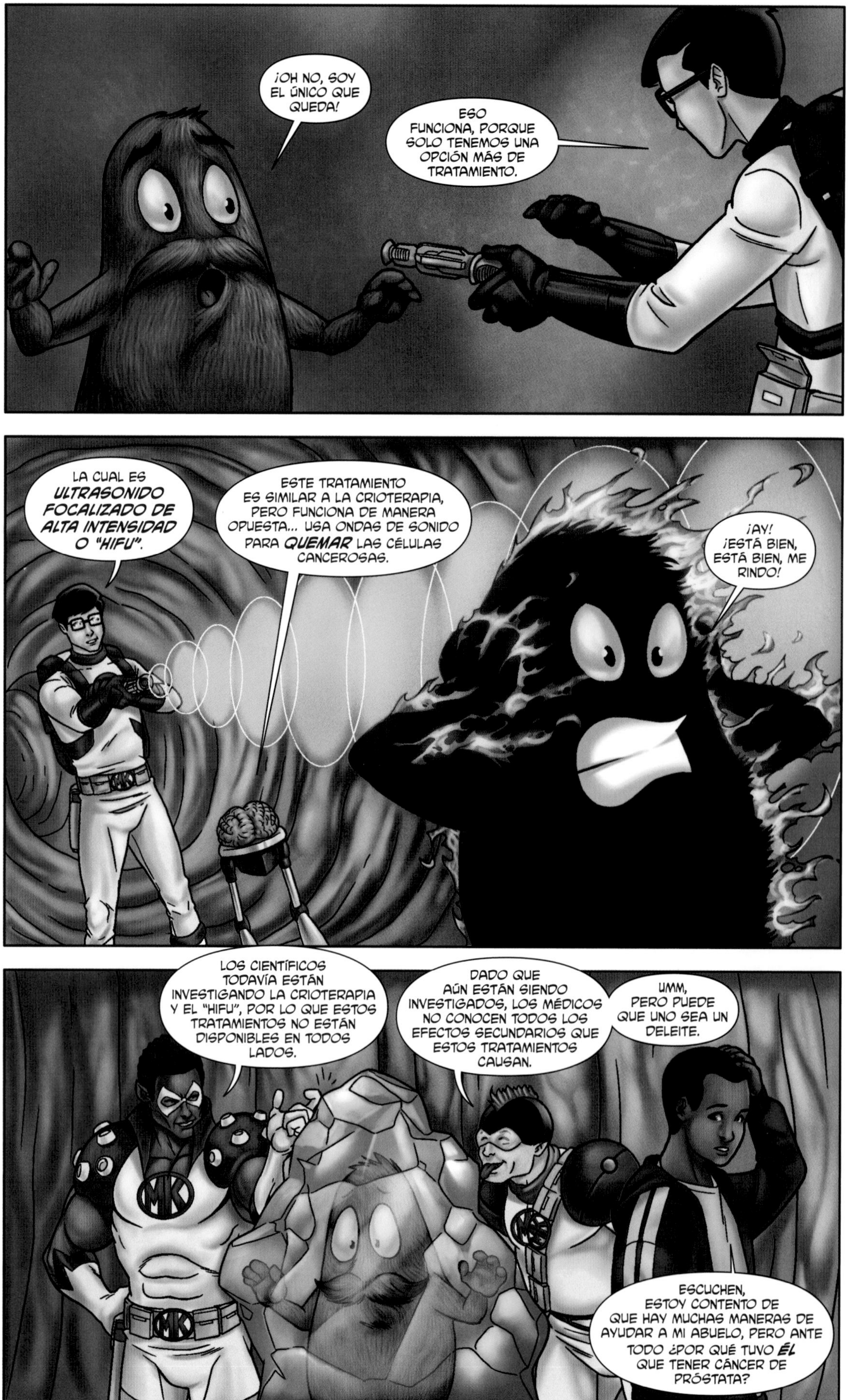
¡OH NO, SOY EL ÚNICO QUE QUEDA!
ESO FUNCIONA, PORQUE SOLO TENEMOS UNA OPCIÓN MÁS DE TRATAMIENTO.
LA CUAL ES ULTRASONIDO FOCALIZADO DE ALTA INTENSIDAD O "HIFU".
ESTE TRATAMIENTO ES SIMILAR A LA CRIOTERAPIA, PERO FUNCIONA DE MANERA OPUESTA... USA ONDAS DE SONIDO PARA QUEMAR LAS CÉLULAS CANCEROSAS.
¡AY! ¡ESTÁ BIEN, ESTÁ BIEN, ME RINDO!
LOS CIENTÍFICOS TODAVÍA ESTÁN INVESTIGANDO LA CRIOTERAPIA Y EL "HIFU", POR LO QUE ESTOS TRATAMIENTOS NO ESTÁN DISPONIBLES EN TODOS LADOS.
DADO QUE AÚN ESTÁN SIENDO INVESTIGADOS, LOS MÉDICOS NO CONOCEN TODOS LOS EFECTOS SECUNDARIOS QUE ESTOS TRATAMIENTOS CAUSAN.
UMM, PERO PUEDE QUE UNO SEA UN DELEITE.
ESCUCHEN, ESTOY CONTENTO DE QUE HAY MUCHAS MANERAS DE AYUDAR A MI ABUELO, PERO ANTE TODO ¿POR QUÉ TUVO ÉL QUE TENER CÁNCER DE PRÓSTATA?

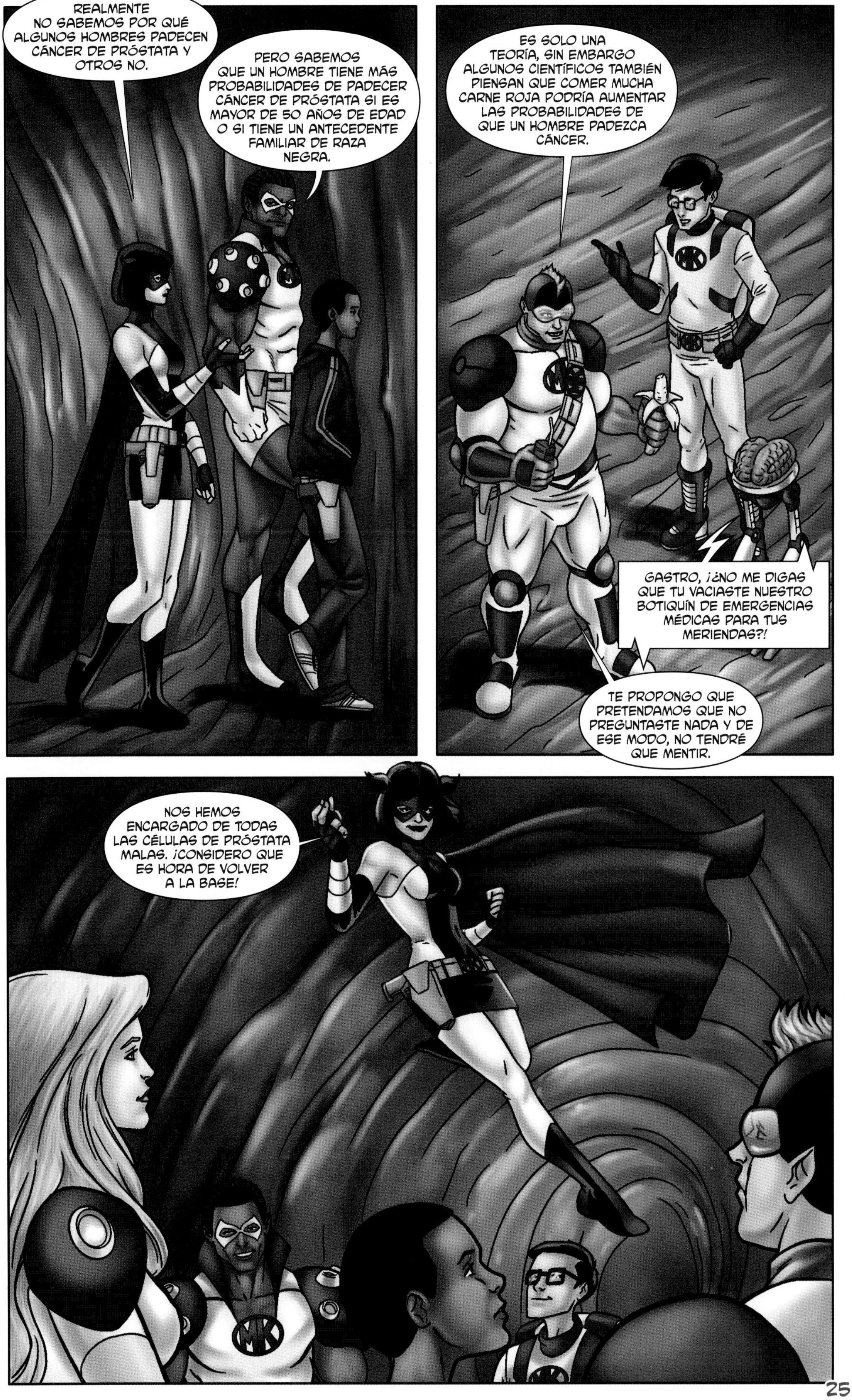
REALMENTE NO SABEMOS POR QUÉ ALGUNOS HOMBRES PADECEN CÁNCER DE PRÓSTATA Y OTROS NO.
PERO SABEMOS QUE UN HOMBRE TIENE MÁS PROBABILIDADES DE PADECER CÁNCER DE PRÓSTATA SI ES MAYOR DE 50 AÑOS DE EDAD O SI TIENE UN ANTECEDENTE FAMILIAR DE RAZA NEGRA.
ES SOLO UNA TEORÍA, SIN EMBARGO ALGUNOS CIENTÍFICOS TAMBIÉN PIENSAN QUE COMER MUCHA CARNE ROJA PODRÍA AUMENTAR LAS PROBABILIDADES DE QUE UN HOMBRE PADEZCA CÁNCER.
GASTRO, ¡¿NO ME DIGAS QUE TU VACIASTE NUESTRO BOTIQUÍN DE EMERGENCIAS MÉDICAS PARA TUS MERIENDAS?!
TE PROPONGO QUE PRETENDAMOS QUE NO PREGUNTASTE NADA Y DE ESE MODO, NO TENDRÉ QUE MENTIR.
NOS HEMOS ENCARGADO DE TODAS LAS CÉLULAS DE PRÓSTATA MALAS. ¡CONSIDERO QUE ES HORA DE VOLVER A LA BASE!

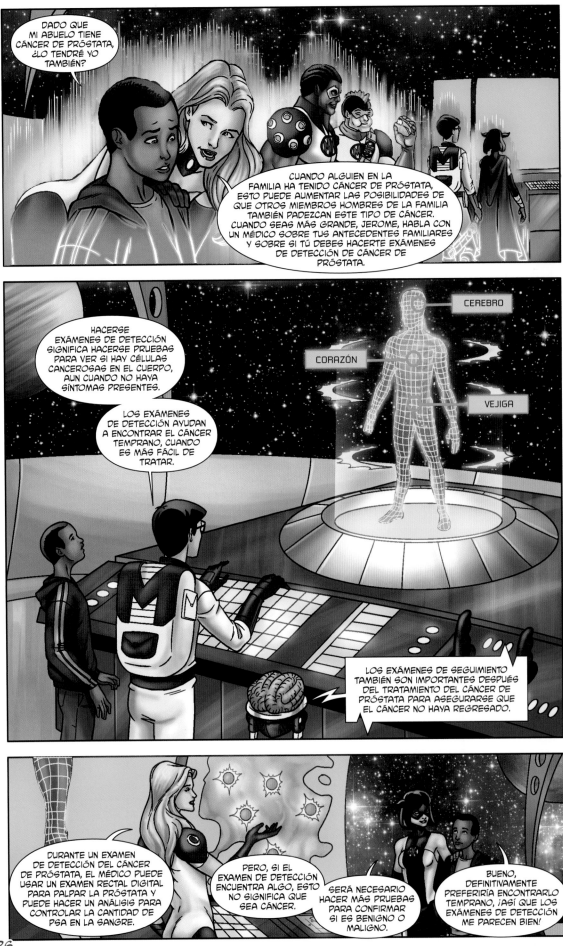

DADO QUE MI ABUELO TIENE CÁNCER DE PRÓSTATA, ¿LO TENDRÉ YO TAMBIÉN?

CUANDO ALGUIEN EN LA FAMILIA HA TENIDO CÁNCER DE PRÓSTATA, ESTO PUEDE AUMENTAR LAS POSIBILIDADES DE QUE OTROS MIEMBROS HOMBRES DE LA FAMILIA TAMBIÉN PADEZCAN ESTE TIPO DE CÁNCER. CUANDO SEAS MÁS GRANDE, JEROME, HABLA CON UN MÉDICO SOBRE TUS ANTECEDENTES FAMILIARES Y SOBRE SI TÚ DEBES HACERTE EXÁMENES DE DETECCIÓN DE CÁNCER DE PRÓSTATA.

HACERSE EXÁMENES DE DETECCIÓN SIGNIFICA HACERSE PRUEBAS PARA VER SI HAY CÉLULAS CANCEROSAS EN EL CUERPO, AUN CUANDO NO HAYA SÍNTOMAS PRESENTES.

LOS EXÁMENES DE DETECCIÓN AYUDAN A ENCONTRAR EL CÁNCER TEMPRANO, CUANDO ES MÁS FÁCIL DE TRATAR.

CEREBRO

CORAZÓN

VEJIGA

LOS EXÁMENES DE SEGUIMIENTO TAMBIÉN SON IMPORTANTES DESPUÉS DEL TRATAMIENTO DEL CÁNCER DE PRÓSTATA PARA ASEGURARSE QUE EL CÁNCER NO HAYA REGRESADO.

DURANTE UN EXAMEN DE DETECCIÓN DEL CÁNCER DE PRÓSTATA, EL MÉDICO PUEDE USAR UN EXAMEN RECTAL DIGITAL PARA PALPAR LA PRÓSTATA Y PUEDE HACER UN ANÁLISIS PARA CONTROLAR LA CANTIDAD DE PSA EN LA SANGRE.

PERO, SI EL EXAMEN DE DETECCIÓN ENCUENTRA ALGO, ESTO NO SIGNIFICA QUE SEA CÁNCER.

SERÁ NECESARIO HACER MÁS PRUEBAS PARA CONFIRMAR SI ES BENIGNO O MALIGNO.

BUENO, DEFINITIVAMENTE PREFERIRÍA ENCONTRARLO TEMPRANO, ¡ASÍ QUE LOS EXÁMENES DE DETECCIÓN ME PARECEN BIEN!

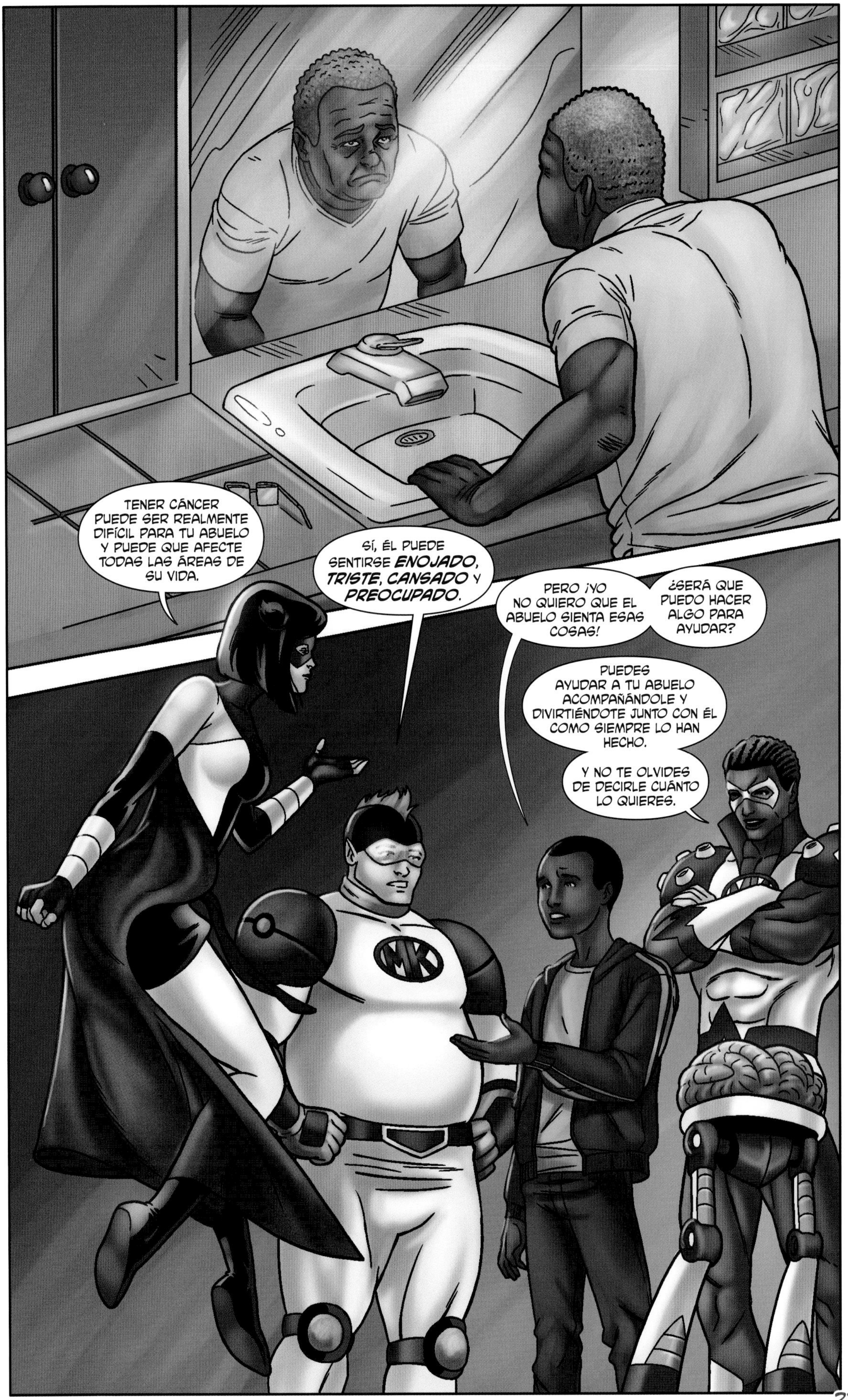
TENER CÁNCER PUEDE SER REALMENTE DIFÍCIL PARA TU ABUELO Y PUEDE QUE AFECTE TODAS LAS ÁREAS DE SU VIDA.
SÍ, ÉL PUEDE SENTIRSE ENOJADO, TRISTE, CANSADO Y PREOCUPADO.
PERO ¡YO NO QUIERO QUE EL ABUELO SIENTA ESAS COSAS!
¿SERÁ QUE PUEDO HACER ALGO PARA AYUDAR?
PUEDES AYUDAR A TU ABUELO ACOMPAÑÁNDOLE Y DIVIRTIÉNDOTE JUNTO CON ÉL COMO SIEMPRE LO HAN HECHO.
Y NO TE OLVIDES DE DECIRLE CUÁNTO LO QUIERES.

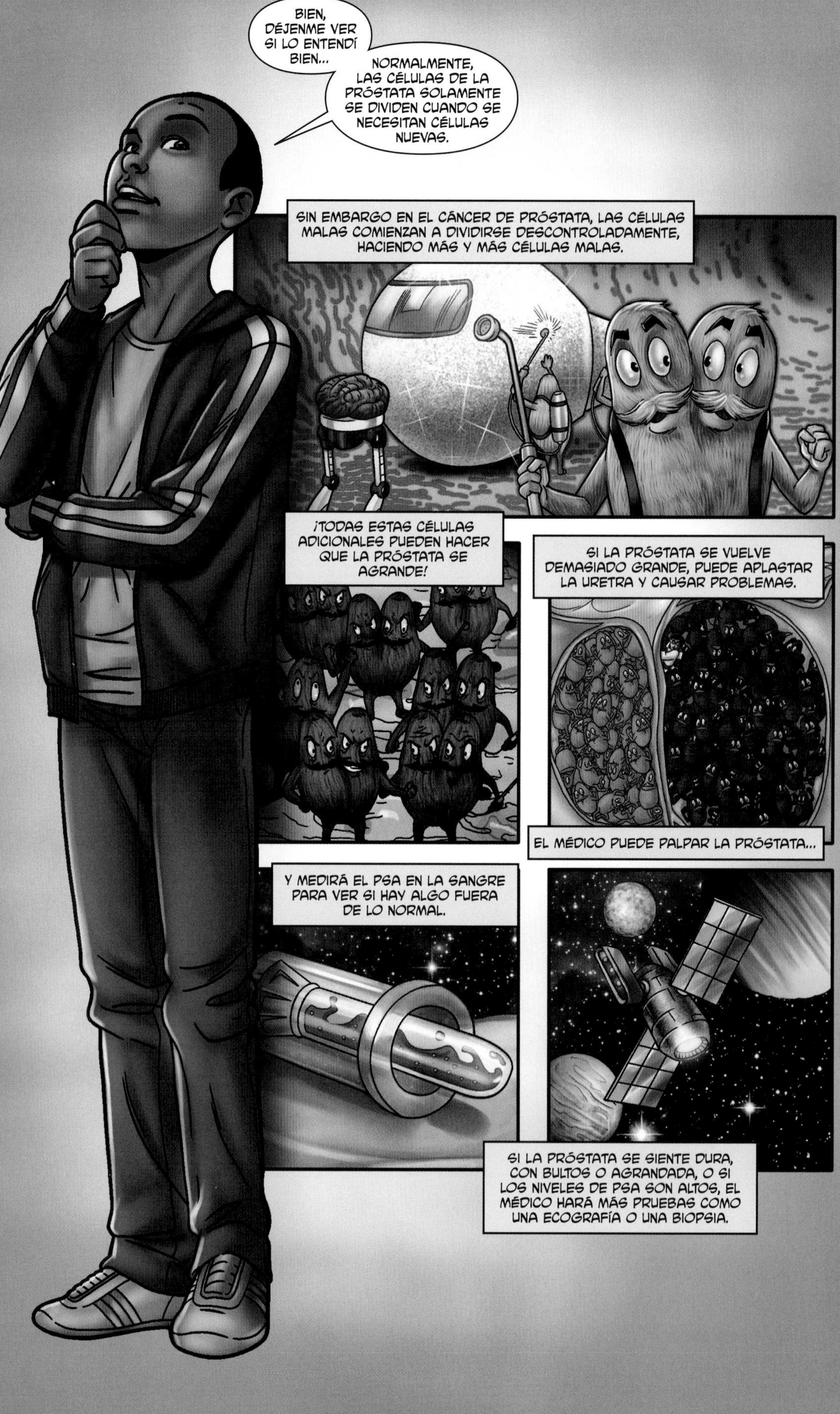
BIEN, DÉJENME VER SI LO ENTENDÍ BIEN...
NORMALMENTE, LAS CÉLULAS DE LA PRÓSTATA SOLAMENTE SE DIVIDEN CUANDO SE NECESITAN CÉLULAS NUEVAS.
SIN EMBARGO EN EL CÁNCER DE PRÓSTATA, LAS CÉLULAS MALAS COMIENZAN A DIVIDIRSE DESCONTROLADAMENTE, HACIENDO MÁS Y MÁS CÉLULAS MALAS.
¡TODAS ESTAS CÉLULAS ADICIONALES PUEDEN HACER QUE LA PRÓSTATA SE AGRANDE!
SI LA PRÓSTATA SE VUELVE DEMASIADO GRANDE, PUEDE APLASTAR LA URETRA Y CAUSAR PROBLEMAS.
EL MÉDICO PUEDE PALPAR LA PRÓSTATA...
Y MEDIRÁ EL PSA EN LA SANGRE PARA VER SI HAY ALGO FUERA DE LO NORMAL.
SI LA PRÓSTATA SE SIENTE DURA, CON BULTOS O AGRANDADA, O SI LOS NIVELES DE PSA SON ALTOS, EL MÉDICO HARÁ MÁS PRUEBAS COMO UNA ECOGRAFÍA O UNA BIOPSIA.

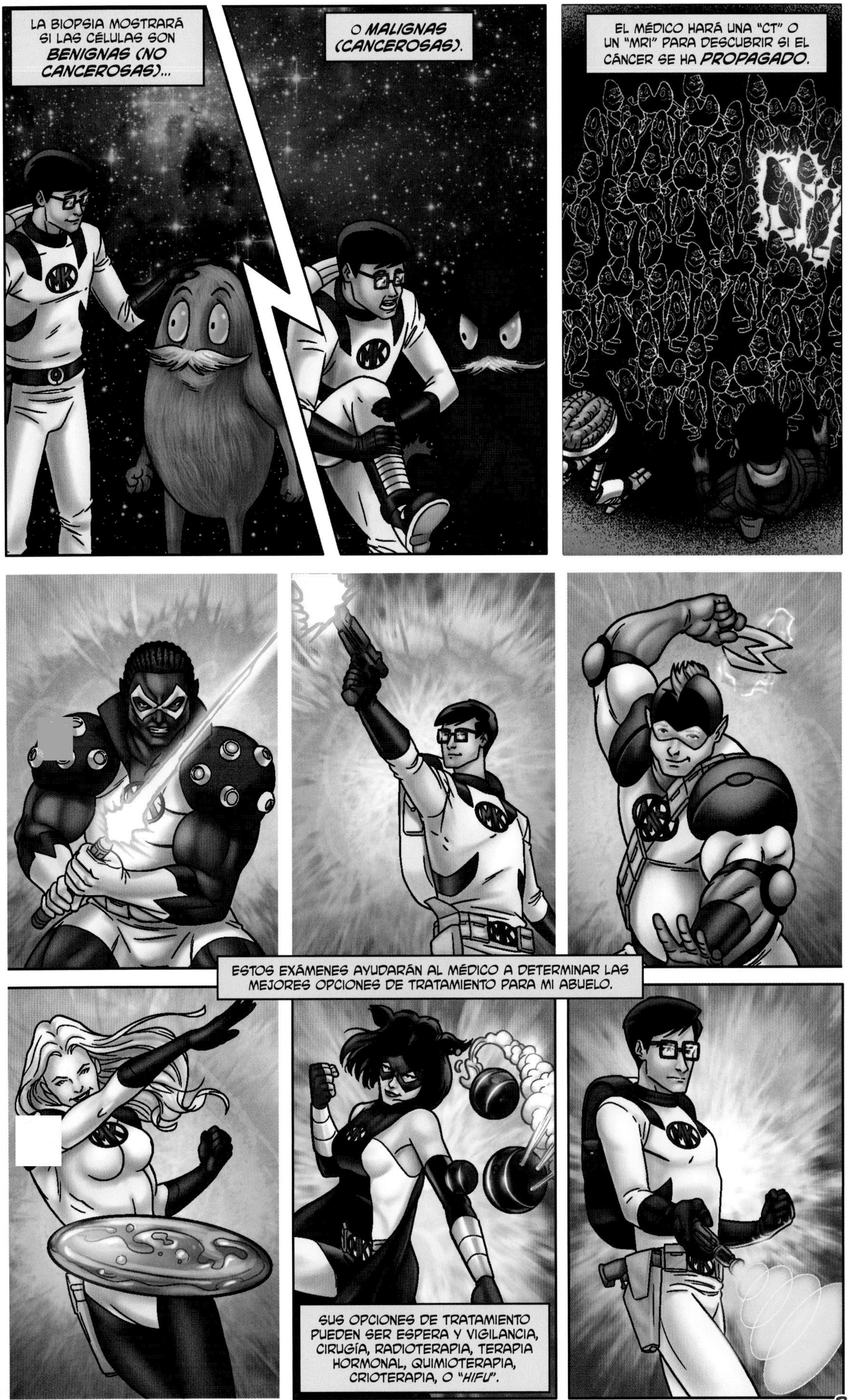
LA BIOPSIA MOSTRARÁ SI LAS CÉLULAS SON *BENIGNAS (NO CANCEROSAS)*...
O *MALIGNAS (CANCEROSAS)*.
EL MÉDICO HARÁ UNA "CT" O UN "MRI" PARA DESCUBRIR SI EL CÁNCER SE HA *PROPAGADO*.
ESTOS EXÁMENES AYUDARÁN AL MÉDICO A DETERMINAR LAS MEJORES OPCIONES DE TRATAMIENTO PARA MI ABUELO.
SUS OPCIONES DE TRATAMIENTO PUEDEN SER ESPERA Y VIGILANCIA, CIRUGÍA, RADIOTERAPIA, TERAPIA HORMONAL, QUIMIOTERAPIA, CRIOTERAPIA, O "*HIFU*".

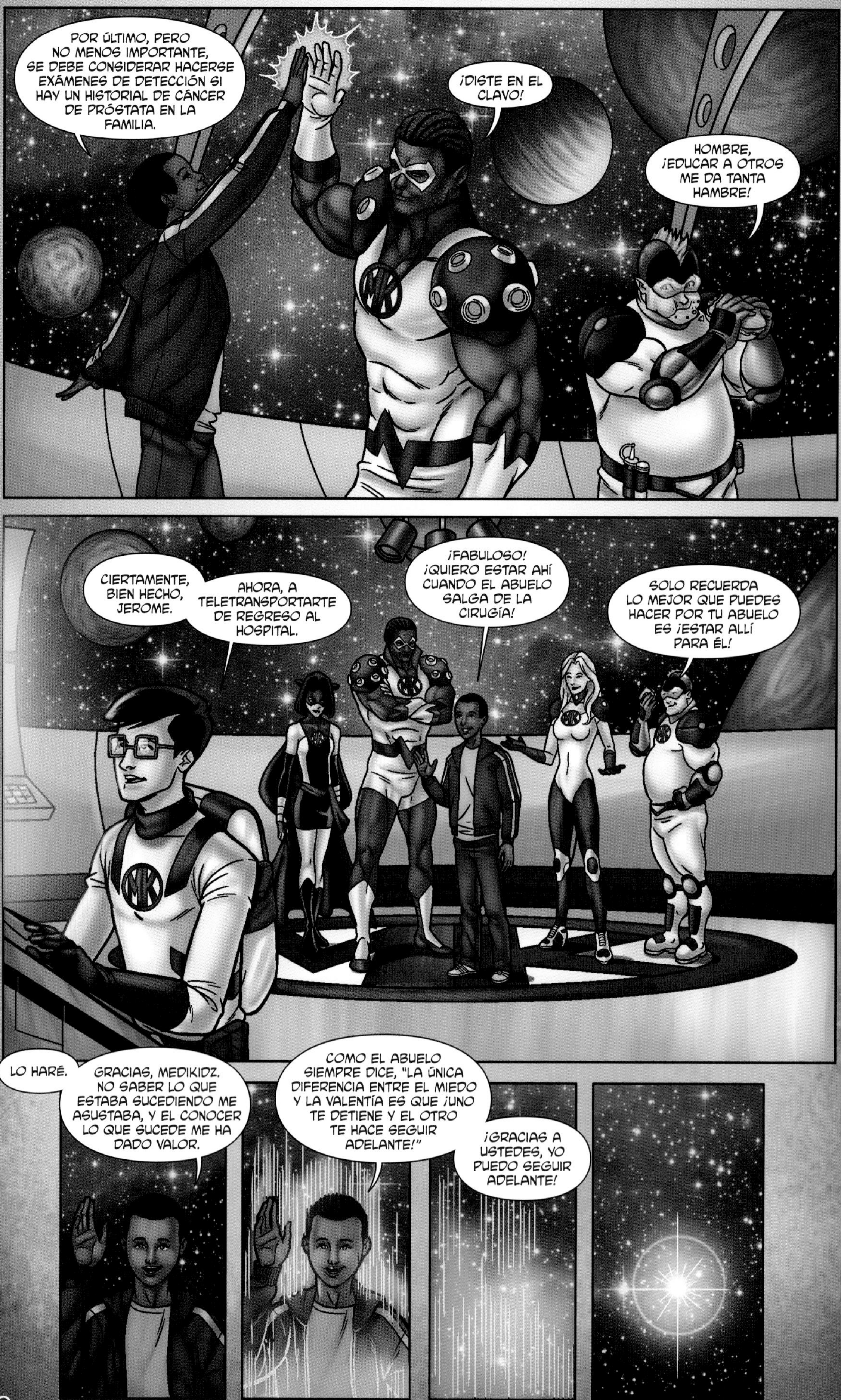
POR ÚLTIMO, PERO NO MENOS IMPORTANTE, SE DEBE CONSIDERAR HACERSE EXÁMENES DE DETECCIÓN SI HAY UN HISTORIAL DE CÁNCER DE PRÓSTATA EN LA FAMILIA.
¡DISTE EN EL CLAVO!
HOMBRE, ¡EDUCAR A OTROS ME DA TANTA HAMBRE!
CIERTAMENTE, BIEN HECHO, JEROME.
AHORA, A TELETRANSPORTARTE DE REGRESO AL HOSPITAL.
¡FABULOSO! ¡QUIERO ESTAR AHÍ CUANDO EL ABUELO SALGA DE LA CIRUGÍA!
SOLO RECUERDA LO MEJOR QUE PUEDES HACER POR TU ABUELO ES ¡ESTAR ALLÍ PARA ÉL!
LO HARÉ.
GRACIAS, MEDIKIDZ. NO SABER LO QUE ESTABA SUCEDIENDO ME ASUSTABA, Y EL CONOCER LO QUE SUCEDE ME HA DADO VALOR.
COMO EL ABUELO SIEMPRE DICE, "LA ÚNICA DIFERENCIA ENTRE EL MIEDO Y LA VALENTÍA ES QUE ¡UNO TE DETIENE Y EL OTRO TE HACE SEGUIR ADELANTE!"
¡GRACIAS A USTEDES, YO PUEDO SEGUIR ADELANTE!

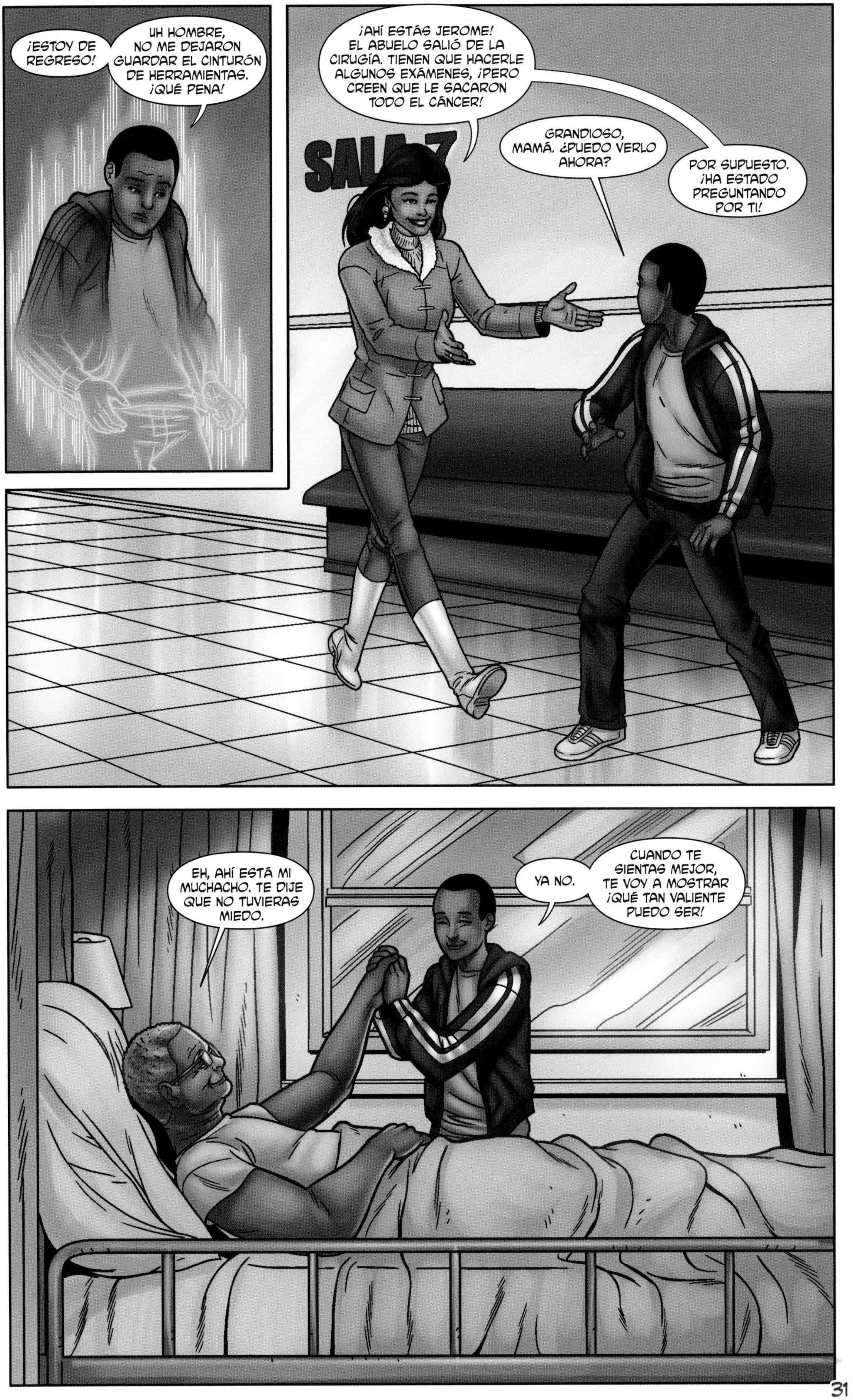
¡ESTOY DE REGRESO!
UH HOMBRE, NO ME DEJARON GUARDAR EL CINTURÓN DE HERRAMIENTAS. ¡QUÉ PENA!
¡AHÍ ESTÁS JEROME! EL ABUELO SALIÓ DE LA CIRUGÍA. TIENEN QUE HACERLE ALGUNOS EXÁMENES, ¡PERO CREEN QUE LE SACARON TODO EL CÁNCER!
SALA 7
GRANDIOSO, MAMÁ. ¿PUEDO VERLO AHORA?
POR SUPUESTO. ¡HA ESTADO PREGUNTANDO POR TI!
EH, AHÍ ESTÁ MI MUCHACHO. TE DIJE QUE NO TUVIERAS MIEDO.
YA NO.
CUANDO TE SIENTAS MEJOR, TE VOY A MOSTRAR ¡QUÉ TAN VALIENTE PUEDO SER!

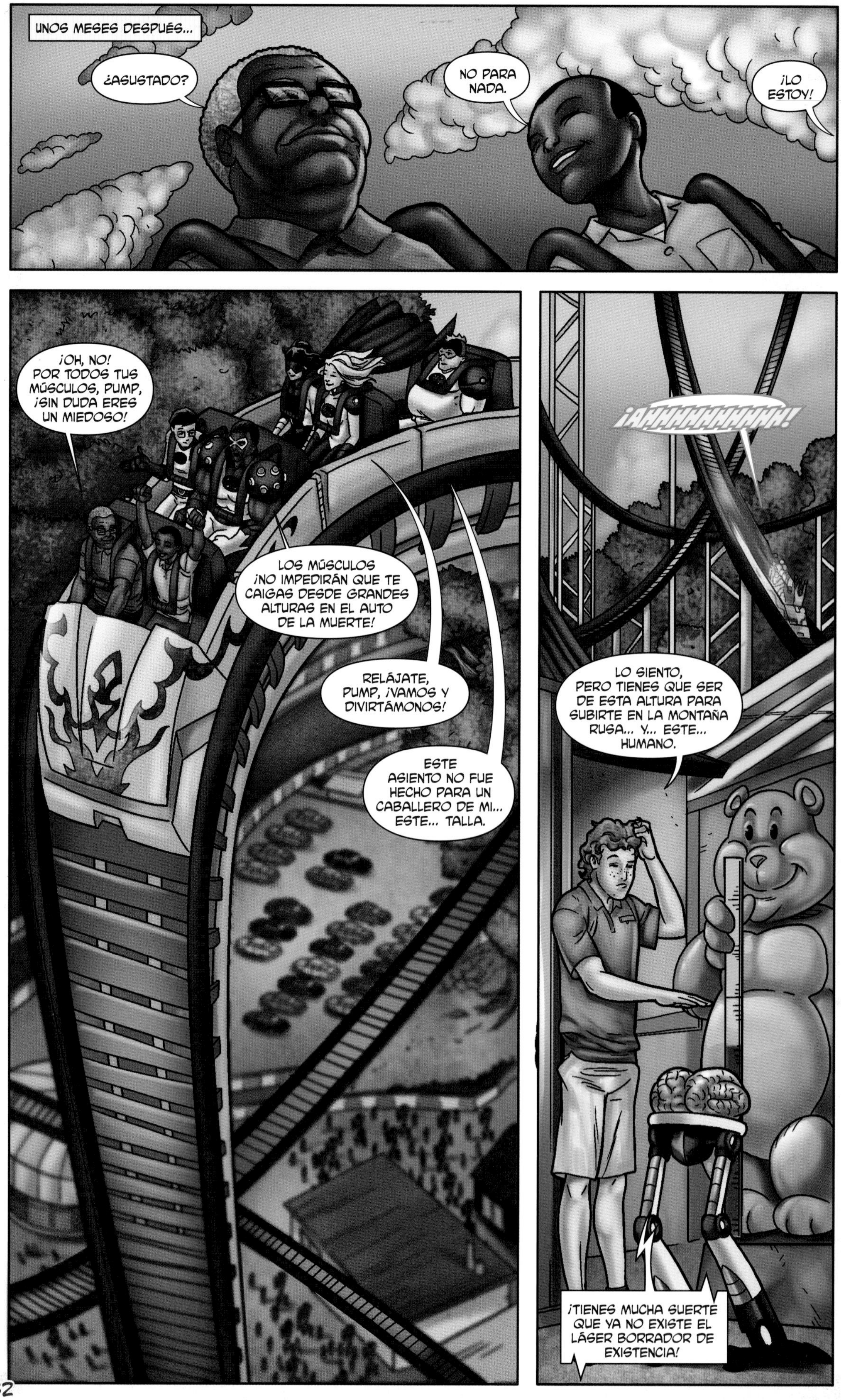
UNOS MESES DESPUÉS...
¿ASUSTADO?
NO PARA NADA.
¡LO ESTOY!
¡OH, NO! POR TODOS TUS MÚSCULOS, PUMP, ¡SIN DUDA ERES UN MIEDOSO!
LOS MÚSCULOS ¡NO IMPEDIRÁN QUE TE CAIGAS DESDE GRANDES ALTURAS EN EL AUTO DE LA MUERTE!
RELÁJATE, PUMP, ¡VAMOS Y DIVIRTÁMONOS!
ESTE ASIENTO NO FUE HECHO PARA UN CABALLERO DE MI... ESTE... TALLA.
¡AHHHHHHHHHH!
LO SIENTO, PERO TIENES QUE SER DE ESTA ALTURA PARA SUBIRTE EN LA MONTAÑA RUSA... Y... ESTE... HUMANO.
¡TIENES MUCHA SUERTE QUE YA NO EXISTE EL LÁSER BORRADOR DE EXISTENCIA!